Deutschlands kranke Wirtschaft und ihre Wiederherstellung.

Von

DR. GUSTAV SEIBT
Geh. Reg.-Rat, Professor der Statistik an der Universität Bonn

Bonn 1923
A. Marcus & E. Weber's Verlag (Dr. jur. Albert Ahn)

Vorwort

Wenn es nicht gelingt, Währung und Wirtschaft in Ordnung zu bringen, so wird es nach meiner Schätzung kein Jahr mehr dauern, bis Deutschland zusammenbricht. Die Notenpresse läuft immer leerer; die Werte, die sie schaffen kann, werden während des nächsten Jahres nicht mehr ausreichen, um dem Staate die fehlenden Mittel zur Erhaltung seiner Einrichtungen, insbesondere zur Besoldung der Beamten und der Reichswehr zu verschaffen. Möglich aber, daß Teurung und Wirtschaftshemmung das Staatsgefüge noch vor der Erschöpfung der öffentlichen Kassen zerbrechen. Diese Erkenntnis allgemein zu verbreiten und das deutsche Volk zu mahnen, im Kampf um Sein oder Nichtsein zusammenzustehen, ist Zweck dieser Schrift, die ich darum so einfach wie möglich abgefaßt habe.

Ich setze die Ursachen des deutschen Wirtschaftsverfalls auseinander; und damit auch der volkswirtschaftlich ungeschulte Leser diese Ausführungen verstehen kann, schicke ich einige theoretische Betrachtungen voraus. Nur auf der Grundlage einer gesunden Wirtschaft werden wir auch eine wertbeständige Währung wiedererlangen können. Wie unsere Regierung die Währungs- und Wirtschaftspolitik anzufassen hätte, wird in den Grundzügen entwickelt.

Immerhin glaube ich auch den Fachgenossen einiges zu bieten. Namentlich dürfte ein Grundgedanke, der die ganze Schrift durchzieht, daß nämlich alle unsere Verbilligungspolitik letzten Endes Verteuerung zur Folge hat, in ähnlicher Weise noch nicht vorgebracht sein. Hält man ihn für richtig, so erscheinen die meisten meiner Vorschläge für unsere Wirtschaftspolitik nahezu als Binsenwahrheiten. Aber das Selbstverständliche wird in Zeiten, in denen utopische Ideen großen Einfluß haben, oft am leichtesten verkannt.

Bonn, den 1. Dezember 1922.

Gustav Seibt.

Inhalt

I. Geldblähe.

Den Schlüssel zum Verständnis unserer heutigen wirtschaftlichen Entwicklung haben wir in der Geldlehre zu suchen. Das ist nicht bequem! Denn die Geldtheorie gilt als eines der schwierigsten Kapitel der Volkswirtschaftslehre. Aber hat nicht jedermann in den letzten Jahren praktisch darin gelernt? Daß die Preise steigen, je mehr Geld gedruckt wird, dürfte wohl wenigen entgehen. Stellen wir uns vor, es könnte sich jeder so viel Scheine von der Reichsdruckerei holen, wie er wollte, so wäre klar, daß er beliebige Preise zahlen könnte. Kein Preis wäre dem unerschwinglich, der sich unbegrenzte Mengen Geld verschaffen könnte. Aber würde noch irgend jemand Ware für ein Geld geben wollen, das unbegrenzt zu haben wäre? Das Geld verlöre alle Kaufkraft. Und so ist es wohl einleuchtend, daß Geld nur in dem Maße Wert behält, als es in begrenzter Menge zur Verfügung steht. Die Menge, in der jemandem Geld etwa aus geschäftlicher Tätigkeit oder aus Handarbeit oder auch aus Vermögensbesitz zufließt, heißt sein Einkommen. Niemand kann mehr kaufen, als sein Einkommen ausmacht, wobei wir von der Ausnahme absehen, daß er Schulden macht. Im letzteren Falle kauft er mit dem Einkommen eines anderen, nämlich seines Gläubigers, und muß ihm später, sobald er zurückzahlt, die Forderung aus seinem künftigen Einkommen erstatten. Wieviel kann mit dem Einkommen aller Volksgenossen zusammen, mit dem ganzen deutschen Volkseinkommen gekauft werden? Es kann die ganze deutsche Erzeugung an Gütern, z. B. an Nahrungsmitteln, Kleidung, einschließlich der persönlichen Dienstleistungen, z. B. ärztlicher Behandlung, damit bezahlt werden. Mit dem ganzen Einkommen wird die ganze Gütererzeugung erworben. Das Einkommen eines Volkes besteht also in seiner Gütererzeugung, und das Einkommen des einzelnen ist sein Anteil hieran. Dieser Anteil wird ihm nicht in natura gegeben, z. B. erhält der Schuhmachergeselle nicht so und so viele Stiefel von der Gesamtzahl, die er angefertigt hat, sondern der Anteil wird ihm in Geld zugemessen. Je nachdem nun die Geldmenge, die in einem Lande umläuft, größer oder kleiner ist, je nachdem fallen die Ziffern des Geldbetrages, den jemand als Einkommen bezieht, größer oder kleiner aus. Ob die Ziffern aller Einkommen in so und so viel Zehner oder in so und so viel hundert oder gar tausend Milliarden gehen, macht nur einen Unterschied in der Rechnung, nicht aber in der Wirklichkeit aus. Für alle Einkommen zusammen kann ja nicht mehr als alle Erzeugung des Landes gekauft werden; und wenn alle Leute höheres Einkommen dem Geldbetrage nach haben, steigen nur alle Preise, und jeder bekommt an Gütern nicht mehr als seinem Einkommen bei geringerem Geldbetrage, aber niederen Preisen entspräche. Kurzum, nur durch Steigerung der Gütererzeugung, nicht aber durch Glanzleistungen der Notenpresse kann das wirkliche oder Sacheinkommen eines Volkes wachsen. Die Notenpresse steigert es nur dem Namen nach. Die Vermehrung des Geldeinkommens durch die Notenpresse, der keine Vermehrung des Sacheinkommens entspricht, nennt man gewöhnlich Inflation. Wir gebrauchen dafür die Bezeichnung Geldblähe, weil die Vermehrung des Geldes keinen Zuwachs an Kaufkraft, sondern nur eine Aufblähung, die eine Kraftzunahme vortäuschen möchte, bedeutet. Schön ist das Wort nicht. Aber das ist auch nicht nötig, denn es soll für eine häßliche Krankheit gelten. Jede Volkswirtschaft, die von der Geldblähe betroffen ist, hat schwer zu leiden. Die Geldblähe zerfrißt die Wirtschaft, die Kultur, ja die Moral eines Volkes wie ein schleichendes Gift.

Bis zum Kriege waren wir gegen die Geldblähe gefeit. Denn wir hatten Goldwährung. Jede Note, die die Reichsbank ausgab, mußte von ihr auf Verlangen in Gold eingelöst werden; und sie hatte zu diesem Zweck einen genügenden Vorrat an Gold zu halten. Sie war verpflichtet, für den Betrag ihrer im Umlauf befindlichen Noten wenigstens ein Drittel Deckung in Gold in ihren Kellern und Schränken zu bewahren. Eine Währung, die sich auf einen wertvollen Stoff, z. B. Gold, gründet, kann niemals unter den Wert dieses Stoffes sinken. Würde eine Reichsbanknote über 100 Mark weniger wert gewesen sein als 5 zwanzigmarkstücke in Gold, d. h. wären für 100 Mark in Papier nicht ebenso viel Waren zu haben gewesen wie für 100 Mark in Gold, so würde jedermann sich die Noten in Gold umgewechselt haben, ehe er in einen Laden zum Kaufen ging. Und ebenso im Auslandsverkehr! Würde man im Ausland für einen Hundertmarkschein weniger fremdes Geld haben einwechseln können, so hätte niemand Papier, sondern Goldmünzen ins Ausland mitgenommen. Gold aber hat Wert in aller Welt. Am Golde hängt, nach Golde drängt doch alles! Auf diesen überall anerkannten Wert stützen sich alle Goldwährungen. Sie bleiben in Übereinstimmung mit ihm und darum auch in Übereinstimmung untereinander. Solange wir Goldwährung hatten, hätte die Reichsbank, ganz abgesehen von den gesetzlichen Bestimmungen, die sie hinderten, garnicht wagen können, Reichsbanknoten im Übermaß auszugeben. Denn sonst hätte sie ihre Goldvorräte gefährdet; sie wären ihr auf Grund der Einlösungspflicht gegen Noten abgefordert worden. Goldwährung bedeutet Beschränkung in der Notenausgabe auf das Maß, das der Verkehr bereitwillig, d. h. ohne Wertminderung der Noten aufnimmt. Eine gewisse Notenmenge dient nämlich der Bequemlichkeit des Zahlungsverkehrs, und auf Reisen ins Ausland war es zweckmäßiger, ein mäßiges Bündel Reichsbanknoten als einen Haufen Gold mitzunehmen.

Als der Krieg ausbrach, wurde die Reichsbank alsbald von der Pflicht, ihre Noten in Gold einzulösen, entbunden. So verfuhren alle kriegführenden Staaten. Nur das reiche Amerika hat seine Goldwährung aufrecht erhalten können. Aber selbst England nicht. Es ist eine alte Erfahrung, daß Kriege Geld und abermals Geld kosten. Wir haben den Krieg nach Möglichkeit durch Anleihen, die Kriegsanleihen, zu finanzieren gesucht. Die Steuerschraube haben wir aus mannigfachen Rücksichten wenig angezogen. Aber die Vermehrung der Notenausgabe durch die Reichsbank war nicht zu vermeiden. Denn die Reichsbank war der große Kreditgeber des Reiches. Was jeweils an Barmitteln fehlte, wurde bei der Reichsbank gegen kurzfristige Schatzanweisungen, die nunmehr ebenso wie bisher Handelswechsel zum Diskont eingereicht werden konnten, in Noten abgehoben. Auch die neugegründeten Darlehnskassen gaben Darlehnskassenscheine, und zwar gegen Verpfändung von Wertpapieren und anderen geeigneten Werten, wovon die Gemeinden und manche Privatpersonen erheblichen Gebrauch machten, aus. So bekamen wir ziemlich schnell eine immer mehr wachsende Flut von Papiergeld, während das Gold eingezogen wurde. Tatsächlich wurde die Goldwährung außer Wirksamkeit gesetzt, wenn sie auch formell, d. h. gesetzlich nicht beseitigt ist.

II. Teurung.

Die Theorie nimmt an, daß die Warenpreise dahin neigen, sich ungefähr in dem gleichen Verhältnis zu erhöhen, wie die umlaufenden Zahlungsmittel und die sonstigen Zahlungsmöglichkeiten zunehmen. Wenn also die Notenpresse das Papiergeld auf das Zehnfache vermehrt, so mögen auch die Preise auf ähnliche Höhe steigen. Voraussetzung ist dabei, daß die Gütererzeugung und manche andere Umstände, die auf den Zahlungsverkehr von Einfluß sind, sich nicht ändern. Wächst die Erzeugung, so werden auch entsprechend mehr Zahlungsmittel gebraucht, um die mannigfachen Geschäfte, die damit zusammenhängen, zu erledigen und die Gütermenge auf die Einkommensbezieher, die sie gemäß ihrem Einkommen kaufen, zu verteilen. Diese Theorie heißt Quantitäts- oder Geldmengentheorie, weil sie die Höhe der Preise von der Menge der umlaufenden Zahlungsmittel abhängig sein läßt. Nur die wirklich im Verkehr befindlichen Zahlungsmittel haben diese Wirkung. Wenn es wahr ist, daß die bäuerliche Bevölkerung während des Krieges nicht bloß Metallgeld, sondern auch große Papiergeldbeträge in Kisten und Kasten gehamstert hat, so würde sie deswegen mit Unrecht gescholten. Denn wenn solche Summen nicht dem Verkehr zugeführt werden, wenn also keine Waren dafür verlangt werden, so wirken sie auch an der Preissteigerung nicht mit. Seitdem das Sinken des Geldwertes immer mehr zum Glaubenssatz der Bevölkerung geworden ist, dürfte freilich die Aufspeicherung des Papiergeldes immer mehr abgenommen haben. Aber große Mengen Papiergeld sind auch ins Ausland gegangen und sind dort in spekulativer Absicht aufbewahrt worden, bis die deutsche Reichsmark wieder einen höheren Wert erlangt haben würde. Diese Mengen haben je nach dem Vertrauen auf die Zukunft der Mark erheblich geschwankt. Wie groß also der im Umlauf des Inlandes befindliche Betrag jeweilig angenommen werden muß, bleibt zweifelhaft. Vor dem Kriege, nämlich Ende 1913, hatten wir einen Zahlungsmittelumlauf von 6,4 Milliarden Mark an Metall und Papier, Ende 1918 nach der Revolution von etwa 33 Milliarden Papier. Die Preise hätten also nach der Revolution mehr als das Fünffache so hoch sein dürfen als vor dem Kriege. Ja eigentlich noch höher, denn es kommt in Betracht, daß die deutsche Gütererzeugung unter der Einwirkung des Krieges stark zurückgegangen war. Eine Erhöhung der Preise setzt sich nämlich, wie schon bemerkt, nicht bloß durch, wenn das Geld zunimmt, sondern auch wenn die Ware knapp wird. Andererseits ist aber auch zu bemerken, daß viele Milliarden in den besetzten Gebieten und an der Front gebraucht wurden, und daß der Schleichhandel viel bares Geld benötigte, weil er infolge seines Bedürfnisses nach Heimlichkeit Zahlungen mittels der Banken oder anderer Einrichtungen nicht liebte. Die Preise waren aber kurz nach der Revolution im ganzen angeblich nur etwa zweieinhalbmal so hoch wie vor dem Kriege, wenn man die Meßziffern des Statistischen Reichsamtes für die Großhandelspreise zugrunde legt. Diesen Erfolg hatte die Zwangswirtschaft und die mit ihr verbundene Herabdrückung der öffentlich geregelten Preise erreicht. Man lebte in Anbetracht der gesteigerten Einkommen scheinbar noch einigermaßen billig in Deutschland. Aber man hatte nicht einmal satt zu essen, wenn man nicht im Schleichhandel weit höhere Preise anlegte, als sie in den amtlichen Zahlen in Erscheinung treten. Hatte also die Zwangswirtschaft mit ihren mäßigen Preisen, die trotz des viel stärker gesteigerten Geldumlaufs galten, die Gültigkeit der Geldmengentheorie aufgehoben? Wohl nicht! Dafür standen die Schleichhandelspreise um so höher. Die mit der Geldmenge gewachsenen Einkommen warfen ihre in der Anschaffung der öffentlich bewirtschafteten Lebensmittel und Bedarfsgegenstände nicht verbrauchte Kaufkraft mit um so heftigerem Begehr auf die Schleichhandelsware. Preise bis zum Zehn- und Zwanzigfachen waren je nach Ort und Gelegenheit Ende 1919 üblich. Aber ein Rest des unverbrauchten Einkommens wandte sich während der ganzen Kriegszeit auch den Kriegsanleihen zu und setzte somit den Staat in den Stand, außerordentliche Preise für Kriegsbedürfnisse zu zahlen. Im Durchschnitt aller Güterpreise dürfte die Geldmengentheorie ihre Wirksamkeit ziemlich genau behauptet haben.

Solche Erkenntnis ist von größter Wichtigkeit für die Beurteilung aller Anstrengungen zur Verbilligung der Preise, auch noch in unseren Tagen. Gilt die Lehre, so bringt sie jede Verbilligungspolitik in Gefahr, durch Maßnahmen an der einen Stelle um so schlimmere Teurung an einer anderen hervorzurufen, weil eben der gesamte Preisstand nicht geändert werden kann. Die Steigerung des papierenen Geldumlaufs von 6,4 Milliarden vor dem Krieg auf 33 Milliarden nach der Revolution war bereits sehr erheblich. Der metallene Umlauf war in der Zeit bis auf nicht ins Gewicht fallende Scheidemünzen verschwunden. Nach der Revolution nahm die Geldblähe in verstärktem Maß zu. Der Verlust des Krieges, die untragbaren Lasten des Friedens und schließlich auch die Revolution mit all den Wirren, die ihr folgten, hatte dem Reich den letzten Kredit gekostet, so daß keine Anleihen zur freiwilligen Zeichnung mehr aufgelegt werden konnten. Die stark wachsenden Ausgaben, hinter denen die Einnahmen aus Steuern infolge der zerrütteten Wirtschaft trotz stärksten Anziehens der Steuerschraube immer weiter zurückblieben, nötigten zur fortwährenden Notenausgabe. Ende 1919 waren bereits für annähernd 50 Milliarden und Ende 1920 etwa 81 Milliarden Papier im Umlauf. Einer Vermehrung der Umlaufsmittel auf das achtfache entsprach Ende 1919 eine Steigerung der Großhandelspreise gleichfalls auf das achtfache, und Ende 1920 beliefen sich die Sätze für die Umlaufsmittel auf das dreizehnfache und für die Preise auf das vierzehnfache. Bis dahin also Übereinstimmung von großer Genauigkeit! In die Zeit vom Frühsommer 1921 bis Anfang 1922 fiel die Wirthsche Erfüllungspolitik gemäß dem Londoner Ultimatum, die aus politischen Gründen — um schlimmer Gewalttat der Entente zu entgehen — das Unmögliche möglich zu machen und damit als unmöglich zu erweisen suchte. Um die Mittel für die Devisenanschaffung zu bekommen, nahm die Notenpresse ein beschleunigtes Zeitmaß an. Ende September 1922 war der Papierumlauf gewaltig, nämlich auf 331 Milliarden oder auf das 52fache des Friedensstandes gewachsen. Erheblich höher aber waren die Preise, nämlich auf das 282 fache geklettert. Die Verwüstung der Kurse der fremden Zahlungsmittel durch die Erfüllungspolitik hatte die Preise, weil wir viel Waren vom Ausland beziehen müssen, sprunghaft in die Höhe getrieben, so daß sie der Geldblähe voraneilten. In den letzten beiden Monaten, Oktober und November 1922, hat sich eine wilde Jagd entwickelt, indem die Preise, angezogen vom Dollarkurse, schneller stiegen, als die Notenpresse die Geldvermehrung steigern kann. Allenthalben wird von Städten und selbst größeren Unternehmungen jetzt Notgeld ausgegeben, um den Ansprüchen des Zahlungsverkehrs genügen zu können. In der Großhandelsmeßziffer, die wir unserer Betrachtung zugrunde gelegt haben, sind vom Statistischen Reichsamt Inlands- wie Auslandswaren berücksichtigt. Trennt man beide Gruppen, so ergibt sich, daß die Steigerung der Inlandswaren, auf deren Preise die Regierung Einfluß nahm, hinter dem Grade der Aufblähung des Geldes zurückblieb, während die Preise der Auslandswaren um so weiter voraneilten. Mit dem Abbau der Zwangswirtschaft und der Milderung der sonstigen Preisbeeinflussung entsprachen die Inlandswarenpreise immer mehr dem Grade der Geldblähe, aber dafür minderte sich die Überhöhung der Auslandswarenpreise. Kurzum, beide Preisgruppen stellten sich 1919 und 1920 immer genauer auf die Geldblähe ein. Erst als der völlige Verderb unserer Währung infolge der Erfüllungspolitik sich entschied, eilten wieder die Preise der Auslandswaren stärker voran, während die Geldblähe allen Preisen nachfolgte. Auch in diesem Rahmen zeigt sich das Streben der Preise und der Umlaufsmittel der verschiedensten Art, in Übereinstimmung miteinander zu kommen.

Geben nicht alle diese Beobachtungen einen weiteren Fingerzeig, daß Niedrighaltung der Preise einer Warengruppe die Preise der anderen unbeeinflußten Gruppe in entsprechendem Maße erhöht? Ist darum nicht alle Verbilligungspolitik unserer Regierung, die auf einen gewaltsamen Preisdruck, nicht auf natürlichen Preisdruck durch Vermehrung der Güter gerichtet ist, zum Scheitern verurteilt? Übrigens, ist es denn notwendig, einen so umständlichen Weg zu beschreiten, um darzutun, daß der Gesamtpreisstand von bestimmten Faktoren der Wirtschaft abhängig ist, und daß er nur durch Einflußnahme auf diese geändert werden kann, daß diese Möglichkeit aber Zwangsmaßnahmen, insbesondere der herrschenden Preispolitik verschlossen ist? Alle Verbilligungsmaßnahmen können nur den Sinn haben, bei gleichbleibendem Einkommen eine reichlichere Versorgung mit Gütern zu ermöglichen. Indes, das Gesamteinkommen eines Volkes deckt sich ja mit seiner Gütererzeugung. Ist es dann denkbar, die Preise so zu drücken, daß für das Gesamteinkommen mehr als die ganze Erzeugung gekauft werden kann? Mehr als alles, was erzeugt wird, kann von Jahr zu Jahr doch nicht gekauft werden. Bei zu niedrigen Preisen würde ein Teil der Bevölkerung auf sein Einkommen nichts bekommen, weil schon ein Bruchteil des Gesamteinkommens ausreichte, um die Gesamterzeugung zu bezahlen. Das ist aber nicht denkbar, weil niemand würde leer ausgehen wollen und lieber höhere Preise bieten würde. Damit würde der Gesamtpreisstand offen oder notfalls hintenherum verschoben und die Verbilligung aufgehoben werden.

Ein Einwand könnte noch gemacht werden: Ist es nicht möglich, durch Sparen die Preise zu verbilligen? Wer spart, vermindert seinen Verbrauch, und es ist richtig, daß die Preise der Verbrauchsgüter sich ermäßigen können. Aber die Spartätigkeit hat einen Bedarf nach anderen Gütern zur Folge. Wenn z. B. Geld auf die Sparkasse gegeben wird, so ist die Möglichkeit geschaffen, daß aus den Spargeldern eine Hypothek zum Bauen eines Hauses gewährt wird. Das bedeutet Nachfrage nach Ziegelsteinen und Arbeitskräften, und die Herstellung der Ziegel erfordert wieder Arbeitskräfte und Kohle. Jede Spartätigkeit bedeutet nur eine Veränderung in der Richtung der Güternachfrage. Die Nachfrage richtet sich nicht auf Verbrauchsgüter, sondern in der Regel auf Güter, die der Erzeugung gewidmet sind und eine Kapitalanlage darstellen. Freilich ist es möglich, daß gesparte Kapitalien von dritter Hand auch für Verbrauchsgüter benützt werden können. In jedem Falle erzeugt aber das ersparte Einkommen, indem es irgendeine Verwendung sucht, eine Nachfrage und übt deshalb in irgendeiner Beziehung einen Einfluß auf die Güterpreise aus. Nur Spargeld, das im Kasten unverwendet liegen bleibt, hat solche Wirkung nicht. Aber das ist eine seltene Ausnahme.

III. Zahlungsbilanz.

Ist es denn richtig, daß das Maß der Geldblähe, sofern nur die Gütererzeugung und auch die Zahlungsgewohnheiten ungefähr die gleichen bleiben, allein den Preisstand bestimmt? Es gibt eine Meinung, wonach die Zahlungsbilanz gegenüber dem Auslande ausschlaggebend sei. Oder anders ausgedrückt: Wenn die Zahlungsbilanz ungünstig ist, wenn wir also dem Auslande gegenüber mehr zu zahlen als zu fordern haben, und wenn es uns nicht möglich ist, durch Kredite unsere Zahlungen hinauszuschieben, dann steigen die Devisen im Kurs. Die Mark entwertet sich im Ausland. Sollte diese Markentwertung im Vergleich zu den fremden Zahlungsmitteln nicht auch im Inlande die Preise steigern? Würde es also neben der Geldblähe nicht noch eine zweite unabhängige Kraft geben, die die Inlandspreise hebt? Inlands- und Auslandspreise hängen doch so eng zusammen. In der Tat, wenn wir vom Auslande Waren beziehen und sie teuer bezahlen müssen, dann können wir die Auslandswaren nicht billig bei uns abgeben, und die deutsche Ware verteuert sich auch. Kommt holländische Butter und Margarine teuer zu stehen, so wird auch inländische Butter und sonstiges Fett steigen. Von Butter und Margarine greift die Preissteigerung auf die Löhne und schließlich auf Waren aller Art über, weil hohe Löhne alle Erzeugung verteuern. Jede von irgend einer Auslandsware ausgehende Preissteigerung wirkt in die Ferne auf alle möglichen Inlandswaren. Und indem die Auslandsware uns darum teuer zu stehen kommt, weil die Devisenkurse hoch sind, so sagt man, daß die hohen Devisenkurse eine Saugwirkung auf den ganzen inländischen Preisstand ausüben. Infolgedessen fordert man, daß die Devisenkurse nicht durch Einfuhr von Luxus- und sonst entbehrlichen Waren verschlechtert werden. Es muß, heißt es weiter, auf eine aktive Zahlungsbilanz hingewirkt werden, die allein unsere Währung wiederherstellen und uns darüber zu Wiedergutmachungszahlungen befähigen kann.

Das trifft alles durchaus zu, ändert aber nichts daran, daß es anders als auf dem Wege über die Geldblähe keine Möglichkeit gibt, die Währung eines Landes auf die Dauer zu entwerten. Bei schwieriger Lage des zwischenstaatlichen Zahlungsausgleiches kann der Wert der eigenen Währung gegenüber dem Auslande auch ebensolange gedrückt sein, als diese Lage andauert. Wird aber die Vermehrung der inländischen Zahlungsmittel vermieden, so wird durch den Hochstand der fremden Devisen im ganzen nicht nur keine Saugkraft auf die inländischen Preise ausgeübt, sondern es werden im Gegenteil zahlreiche inländische Warenpreise und vor allem die Löhne nach unten gedrückt. Wieso? Je mehr inländisches Einkommen darauf verwendet wird, um Auslandsware anzuschaffen, desto weniger bleibt übrig, um die inländische Erzeugung zu bezahlen, und desto weniger lohnt die inländische Erzeugung, insbesondere auch für die Arbeiter. Entschlösse sich also ein Volk, einen guten Teil seiner Bedürfnisse durch Auslandseinkäufe zu decken, so würden ebensoviele heimische Waren unverkäuflich, es sei denn, daß die Preise herabgesetzt würden, bis sie inländische oder ausländische Käufer finden. Der Fall des Auftretens ausländischer Käufer ist besonders wichtig. Wenn irgend welche Mengen an Waren im Auslande gekauft werden, so bleibt bei gleichbleibenden Preisen ebensoviel Inlandsware unverkäuflich, weil der entsprechende Teil des inländischen Einkommens abgewandert ist. Es müssen dann alle Preise so weit weichen, bis die Inlandsware durch das verbliebene Einkommen gedeckt ist oder bis die Ausfuhr ins Ausland lohnend ist. Letzteres ist der regelmäßige Fall, so daß durch Einfuhren vom Auslande immer wieder Ausfuhren ins Ausland veranlaßt werden. Je mehr deutsche Zahlungsmittel im Auslande vorhanden sind, desto mehr wächst das Bedürfnis, sie in Deutschland zu verwenden; und damit bessert sich auch die Zahlungsbilanz. In unseren gegenwärtigen Verhältnissen aber werden die Zahlungen nach dem Auslande im weitesten Umfange durch die Notenpresse finanziert, weil der Staat vor allem die ihm durch den Friedensvertrag aufgenötigten Lasten nicht aus Steuern und ähnlichen Einnahmen zu decken vermag. Die ungünstige Zahlungsbilanz steigert seine Ausgaben; denn die Reparationen sind in Goldwerten zu leisten und werden um so drückender, je weiter die Mark sich entwertet. Je mehr Noten ins Ausland geschleudert werden, desto mehr verteuern sich abermals die Devisen, und desto mehr muß die Regierung aufwenden, um immer von neuem Devisen zu erwerben. Würde der Staat die Ankäufe der fremden Devisen aus Steuern decken, so würde er die inländische Kaufkraft schmälern, indem er Teilbeträge des Einkommens der Bevölkerung an sich zöge. So aber tut er das nicht. Denn er kann es unter dem Zwang der Verhältnisse nicht tun. Er sieht sich im Gegenteil zu erhöhten Gehaltszahlungen und sonstigen Ausgabensteigerungen auch im Inlande genötigt, weil die Preise vom Auslande her angezogen werden. Die inländische Kaufkraft wird also auf dem Inlandsmarkt nicht entsprechend vermindert und dazu erscheint der größte Teil der im Auslande untergebrachten Noten gleichfalls auf dem Inlandsmarkt. Eine stark vermehrte Geldmenge will somit im Inland Ware kaufen, und alle Preise müssen steigen. Infolge der fortschreitenden Geldblähe, zu der sich der Staat gerade unter den Wirkungen der ungünstigen Zahlungsbilanz gezwungen sieht, kann sich eine Gegenwirkung, die auf eine Preissenkung hinstrebte, nämlich eine Einschränkung der für inländische Käufe verbliebenen Geldmittel, nicht entwickeln. So eilen die Devisenpreise voran, und die inländischen Preise kommen allmählich hinterher, wobei beide Erscheinungen zuletzt auf die Geldblähe als unmittelbare Ursache zurückgehen. Die ungünstige Zahlungsbilanz wirkt zwar nicht anders als auf dem Wege über die Geldblähe, kann aber tatsächlich die Führung übernehmen, je schlimmer ihr Zustand ist und je mehr der Staat mit seinen Ausgaben ihrer Einwirkung unterworfen ist.

IV. Devisenkurse.

Fremde Zahlungsmittel werden im Regelfall gekauft, um damit Ware des fremden Landes zu bezahlen. Also kann der Käufer der Devisen so viel dafür geben, als ihm die Waren wert sind, die er dafür erhält. Er erwirbt in den fremden Zahlungsmitteln fremde Kaufkraft und wird dafür nur so viel inländische Zahlungsmittel geben wollen, daß die inländische Kaufkraft, die er hingibt, für ihn weniger Wert hat als die ausländische Kaufkraft, die er bekommt. Ebenso denkt natürlich sein Partner. Ein jeder will mehr fremde Kaufkraft erwerben als eigene geben. Die Schätzungen müssen also von beiden Seiten auseinandergehen, damit ein Devisenankauf zustande kommt.

Entscheidend für die Bewertung jeder Valuta ist also die Kaufkraft, die sie auf ihrem Markte ausübt. Wenn die Kurse so stehen, daß nach einem objektiven Maßstabe von beiden Seiten gleiche Kaufkraft hingegeben wird, so befinden sich die Kurse auf der Kaufkraftgleiche oder Kaufkraftparität. Solch objektiver Maßstab ist freilich schwer zu finden, denn manche Waren sind im Inlande, manche im Auslande billiger. Und welche Waren sollen als Maßstab dienen? Bei Goldwährung hat man die Goldgleiche, wenn die Devisen zu einem Kurse gehandelt werden, der dem Goldgehalt der ausgetauschten Währungen entspricht, d. h. wenn gleichviel Gold oder Goldwert von beiden Seiten gegeben und empfangen wird. Goldwährungen können nicht viel aus dem Gleichgewicht kommen. Denn ist eine Währung zu teuer, so kauft man sie nicht mehr, sondern versendet eigenes Gold, z. B. Zwanzigmarkstücke, in ihr Gebiet, verkauft es oder läßt es in fremder Münze prägen. Mit dem Erlös kann man zahlen. Aber bei Papierwährungen ist das nicht möglich. Eine Papierwährung kann deshalb unbegrenzt steigen und fallen, und in dieser Lage befindet sich die deutsche Mark. Auch die deutsche Währung wäre zunächst nach der Kaufkraft zu bewerten, die sie auf dem inländischen Markte hat. Nun ist aber die deutsche Mark im Auslande weit schlimmer entwertet als im Inland. Im Inlande erhält jemand mehr Ware, besonders Lebensmittel, für den gleichen Betrag als im Ausland, wenn man fremde Zahlungsmittel dafür einwechselt und damit einkauft.

Warum hat sich der Kurs der deutschen Reichsmark so ungünstig entwickelt? Da die deutschen Börsen während des Krieges geschlossen waren, muß man den Kurs an fremden Börsen verfolgen, wenn man bis in die Kriegszeit zurückschauen will. Während des Krieges, ja bis über die Revolution, blieb der Kurs leidlich. An der New Yorker Börse galten 100 Mark im Durchschnitt des September 1914, als der Sieg den deutschen Fahnen winkte, 23,93 Dollar. Der Kurs stand über der Goldgleiche, die 23,82 beträgt, oder eine Mark war 105 Pfg. wert. Der Kurs sank allmählich, denn Deutschland hatte mehr Einfuhr nötig, und brachte sie auch in der

Zeit der Blockade durch, als es ausführen konnte. Es sammelten sich erhebliche Markguthaben im Ausland an. Dazu erschienen die Aussichten auf den Sieg immer geringer. Juli 1917 brachte zur Zeit der Erzbergerschen Friedensentschließung des Reichstages, die als Zeichen des Erlahmens der deutschen Widerstandskraft gewertet wurde, ziemlich den tiefsten Stand während des Krieges. Das Hindenburgprogramm hob den Kurs, er besserte sich unter den Anfangserfolgen der Frühjahrsoffensive 1918 im April nochmals bis auf 82 Pfg. Ende des Krieges im Oktober 1918 stand er auf 64 Pfg. Die Mark hatte also während des Krieges einen verhältnismäßig guten Kurs behauptet. Die Aussichten, ob Sieg ob Niederlage waren jeweils entscheidend. Niederlage und Revolution stürzten Deutschland in schwere Wirren. Der Abschluß des Friedensvertrages verzögerte sich. Anfänglich hielt der Glaube an verständige Absichten der Entente gleichwohl noch einigermaßen den Kurs. Je mehr aber das wahre Gesicht des Friedens sich enthüllte, desto schlimmer sank er. Ultimatum und Sanktionen setzten das grausame Spiel fort. Dezember 1919 stand die Mark nur noch auf 9 Pfg. — ein furchtbarer Sturz —, Dezember 1920 auf 5,7 Pfg. Anfang 1921 begann die Mark sich zu erholen. Sie stand im Mai auf 6,8 Pfg. Da kam im Wege des Ultimatums der Londoner Zahlungsplan und daran anschließend die Wirthsche Erfüllungspolitik mit den erzwungenen großen Devisenankäufen. November 1921 stand die Mark nur noch auf 1,68 Pfg. Deutschland steuerte nun auf eine Erleichterung der Bedingungen, ein Moratorium zu. Je nach den Aussichten auf eine erträgliche Regelung durch Konferenzen und Anleiheverhandlungen wandelte sich der Kurs, im ganzen immer weiter nach unten gleitend. Juli 1922 brachte nach dem Scheitern der internationalen Anleihe einen weiteren schweren Sturz, und nochmals die Orientwirren im September, weil Englands Lage gegenüber dem unnachsichtigen Frankreich geschwächt erschien. Amerika und das übrige Ausland stießen große Markbestände ab. Ende November 1922 stand die Mark auf 0,05 Pfg. oder $^{1}/_{2000}$ ihres Friedenswertes. Die Gesamtrichtung der Entwicklung war ein starker Abstieg. Bei der fortschreitenden außerordentlichen Abnahme der Kaufkraft der Mark im Inlande, d. h. des Niederganges des Binnenwertes mußte auch der Auslandswert sinken. Dazu kam seit dem Umsturz die dauernde Überladung des Marktes mit Markangebot, infolge der ungünstigen Handelsbilanz und der Reparationsleistungen, vollends seit dem Beginn der Wirthschen Erfüllungspolitik. Aber jeweils gaben doch die politischen Ereignisse, die Beurteilung der Zukunftsaussichten der deutschen Wirtschaft, den Ausschlag für die starken Schwankungen.

Auf die Dauer sind die objektiven Faktoren, nämlich Geldblähe und Zahlungsbilanz immer siegreich. Sie empfangen ihre Bewegung von den hinter ihnen stehenden Kräften der wirtschaftlichen und finanziellen Entwicklung, die wiederum heute mehr als sonst politischen Einflüssen unterliegen. In dem Tempo der Notenpresse und der Stärke des Notenstroms finden sie ihre Formung zu einer unabhängig von dem Willen der Menschen wirkenden Kraft. Der Kern des subjektiven Faktors, d. h. der Börsen- und sonstigen Marktstimmung, ist schließlich nichts anderes als die Auffassung von der künftigen Gestaltung der beiden eng zueinander gehörenden objektiven Faktoren. Eine mit längeren Fristen rechnende Beurteilung der Devisenkurse muß sich auf die voraussichtliche Entwicklung der objektiven Verhältnisse in Politik, Wirtschaft und Finanz stützen. Börse und Spekulation haben die Lage, infolge schneller Unterrichtung und besserer Beurteilung auch bei uns zu nutzen gewußt und zum Teil außerordentliche Gewinne an sich gebracht, wie ja schon rein äußerlich dem Aufblühen des Bankgeschäftes zu entnehmen ist, aber sie haben die Lage nicht geschaffen. Nicht ein einziger großangelegter Versuch zur Beeinflussung der Börsenlage ist bei uns bekannt geworden. So hat sich auch die Annahme, daß der letzte Sturz der Mark seit Ende September 1922 der Devisenspekulation zuzuschreiben sei, nicht bewahrheitet. Eine Woche nach Erlaß der Devisennotverordnung hat der Fall unserer Währung sich nur noch schlimmer fortgesetzt. Anders als durch Schaffung einer objektiv besseren Lage ist der Mark auf die Dauer nicht aufzuhelfen.

V. Verschleuderung ans Ausland.

Wenn der Außenwert der Mark, wie er sich in dem Stande der fremden Valuten ausdrückt, geringer ist als der Binnenwert, so wird die fremde Valuta überbezahlt. Gehen wir von folgender Beobachtung aus: Mitte September 1922 zahlte man für einen Schweizer Franken 250 Mark. Für 250 Mark erhielt man am Bodensee auf deutscher Seite Zimmer und volle Verpflegung in einem einfachen Hause. Dies konnte also der Schweizer für einen Franken bei uns haben. An der ganzen Grenzlinie von Lindau bis Basel sind damals die Schweizer gern als Gäste zu uns gekommen, wenn nicht zu längerem Aufenthalt, so doch als Mittag- und Abendgäste oder zu manchem Einkauf. In der Schweiz belief sich der Preis für gleichwertige Unterkunft und Verpflegung auf etwa acht Franken. Die Schweizer hatten es also beim deutschen Bruder für den achten Teil. In ähnlicher Weise kamen an allen Grenzen, auch aus Österreich, Gäste zu uns, wenn auch nicht überall mit gleichem Nutzen. Würde Deutschland versucht haben, für den einen Franken, den ein Schweizer Gast uns täglich einbrachte, die Lebensmittel im Ausland wieder einzukaufen, die er verzehrte, so wäre das Vielfache dafür aufzuwenden gewesen. Da Deutschland dauernd Lebensmittel zukaufen muß, so steigern sich seine Lebensmitteleinkäufe um eben die Mengen, die Fremde bei uns verzehren. Der Fremdenverkehr kostet uns gewaltige Zuschüsse. Infolge der Niedrighaltung der Lebensmittelpreise in Deutschland ist hier der Unterschied zwischen der Kaufkraft, welche die Mark im Lande hat, und der Kaufkraft, die wir im Auslande dafür im Valutaverkehr erwerben können, besonders groß.

Art und Zweck unserer Betrachtung über die Spannung zwischen Binnen- und Außenwert der Mark wäre hiernach klar. Die Spannung ist seit Kriegsende dauernd hoch. Während des Krieges war sie nur mäßig gewesen. Aus Vergleichen, die das Statistische Reichsamt gemacht hat, ergibt sich, daß die deutschen Preise von Waren aller Art im Großhandel während der Jahre 1920/21 zeitweise nur etwa 30 v. H., höchstens etwa 70 v. H., in der Regel aber 50—60 v. H. so hoch wie in England standen. Bei Industriestoffen war das Verhältnis günstiger. Hier hielten sich die Preise meist zwischen 60 und 75 v. H. Indes, diese Vergleiche schließen gerade diejenigen Waren, auf die es hauptsächlich ankommt, nicht ein. Es fehlen darin die fertigen Industrieerzeugnisse, aus denen hauptsächlich unsere Ausfuhr besteht. Hierfür haben eben die Unterlagen hüben und drüben gefehlt. Bei den Fertigwaren aber müssen die Unterschiede noch erheblicher gewesen sein, weil darin vor allem die billige deutsche Arbeit steckt. Der Unterschied zwischen den Inlands- und Auslandspreisen, der je nach den Schwankungen der Valuta bald größer, bald geringer ist, begünstigte außerordentlich die deutsche Ausfuhr. In normalen Zeiten üben die Schwankungen der Devisen in Goldwährungsländern nur einen bescheidenen Anreiz auf die Ausfuhr aus, der aber bereits die Gewinnung des Gleichgewichtes in der Zahlungsbilanz und damit in den Devisenkursen fördern kann. In unseren gegenwärtigen Verhältnissen aber war und ist der Unterschied von übermächtiger Stärke. Wenn die Unternehmer bestrebt sind, große Lieferungen nach dem Auslande zu machen, so schließt das die Gefahr in sich, daß sie Preise erstellen, die weit niedriger sind als es der Wettbewerb mit dem Ausland erfordert, nur um sich gegenseitig den Rang abzulaufen. Das Ausland kommt zumal durch persönliche Vertreter oder Einkäufer im Inland leicht in die Lage, eine deutsche Firma gegen die andere auszuspielen. Um nun der Verschleuderung deutscher Werte nach dem Auslande möglichst vorzubeugen, insbesondere auch die Ausfuhr bei uns selbst unentbehrlicher Waren, z. B. Lebensmittel, zu hindern, ist die Ausfuhrkontrolle in den Händen des Reichskommissars für Aus- und Einfuhrbewilligung geschaffen. Dieser bedient sich der Hilfe der Außenhandelsstellen, die aus Vertretern der einzelnen Wirtschaftsgruppen gebildet sind. Einmal werden die deutscherseits geforderten Preise daraufhin geprüft, daß sie nicht zu niedrig sind, andererseits werden Ausfuhrabgaben erhoben, deren Erträge für soziale Zwecke Verwendung finden.

Über die Handhabung der Ausfuhrkontrolle werden viel Beschwerden erhoben, die hauptsächlich in der Richtung liegen, daß die Ausfuhr unnötig oder über Gebühr behindert werde, daß auch Parteilichkeit und Schlimmeres unterlaufe. Es ist auch klar, daß die Einschaltung dieses behördlichen Kontrollorganismus Leichtigkeit und Schnelligkeit des Geschäfts schädigt und viel Schererei verursacht. Aber trotz allen Bemühens ist die Ausfuhrüberwachung, zumal die scharfe Kritik sie hemmt, garnicht in der Lage, die Verschleuderung deutschen Gutes unter dem Weltmarktpreis zu hindern. Dazu gehörte eine Sicherheit in der Beurteilung jedes einzelnen Geschäfts, wie sie nicht vorausgesetzt werden kann. Es kommt hinzu, daß bis in den Sommer 1921 hinein die deutsche Ausfuhr überwiegend in Mark bezahlt wurde und daß Zahlungsfristen gegeben wurden. So kam dem Auslande die Entwertung der Mark, die die bedungenen Preise bis zur Ausführung des Geschäftes oder zur Zeit der Zahlung immer wieder überholte, sehr zustatten. Um dem zu begegnen, wurden freibleibende Preise, die die Möglichkeit von Nachforderungen ergaben, gefordert. Auch kamen Geschäftsannullierungen vor. Dies ganze Verfahren brachte den Ruf des deutschen Kaufmannes in Gefahr. Die Preisfeststellung in Auslandsvaluta hat sich seitdem eingebürgert. Aber in welchem Maße wir noch immer hinter den Auslandspreisen zurückbleiben, ist uns selbst kaum im ganzen Umfange bewußt. Es ist garnicht zu ermessen, wie viele Milliarden wir durch zu billige Preise verschleudert haben. Geschicktes Verhalten des Auslandes, bewußt oder unbewußt durch das auf Absatz bedachte Bestreben der deutschen Unternehmer unterstützt, konnte und kann noch immer ganz gewaltige Gewinne aus der Entwertung der Mark ziehen. Die ausländischen Volkswirtschaften aber empfinden den deutschen Wettbewerb schwer und streben um so mehr, sich durch Antidumping-Zölle, Zölle gegen schmutzigen Wettbewerb, Valutazuschläge oder selbst Einfuhrverbote zu schützen, weil allenthalben Arbeitslosigkeit herrscht. Auch die Bestimmung des Londoner Ultimatums vom 5. Mai 1921, die uns neben der festen Zahlung von 2 Milliarden Goldmark jährlich eine Zahlung von 26 Prozent vom Werte der Ausfuhr auferlegt, ist so zu erklären. So lange es nicht gelingt, die Mark im wesentlichen in Ordnung zu bringen, wird die Ausfuhrkontrolle das kleinere Übel bleiben. Am wenigsten eingedämmt erscheinen die Schäden des Fremdenverkehrs. Die Hunderttausende von Ausländern, welche Deutschland in niegekannten Scharen aufsuchen, leben weit unter den Kosten, die sie uns verursachen, indem sie nicht bloß unsere billigen Lebensmittel verzehren, sondern auch indem sie allenthalben, vorzüglich bei jedem Marksturz die Gelegenheit wahrnehmen, deutsche Ware billig zu erwerben. Auch findet überall ein reger erlaubter und unerlaubter Grenzverkehr statt. Das besetzte Gebiet, wo nicht bloß die Truppen, sondern auch ihre Angehörigen und ein Schwarm von sonstigen Fremden billig leben und einkaufen, leidet am meisten. Solange die Regierung weit über unsere Kräfte zu Devisenanschaffungen schreiten muß, muß der Kurs der Mark tief unter dem Inlandswert gedrückt bleiben. Denn die Kurse ergeben sich jeweils nach Angebot und Nachfrage, d. h. also nach dem Verhältnis der jeweils fälligen Zahlungen von uns und an uns. Sind unsere Zahlungsverpflichtungen insbesondere aus dem Friedensvertrage übergroß, so kann ein Gleichgewicht sich nicht ergeben, es sei denn, daß wir Kredit erhalten oder die Mark als Spekulationswert vom Ausland aufgenommen wird. Je weiter die Mark sinkt und je aussichtsloser ihre Besserung erscheint, desto weniger aber ist das Ausland bereit. Seit Herbst 1922 stößt es seine Markguthaben in großem Umfange ab und kauft deutsche Wertpapiere und Grundstücke, was zwar unsere Zahlungsverpflichtungen für den Augenblick erleichtert, aber unser Vermögen mindert. Es kann auch nicht verkannt werden, daß alle unsere Bestrebungen, unsere heimischen Werte vor Verschleuderung zu schützen, den Kurs der Mark senkt, denn sie laufen darauf hinaus, dem Auslande die Verwendung der Mark innerhalb unserer Grenzen zu erschweren. Wenn das Ausland seinen Markbesitz nicht beliebig zu freien Einkäufen bei uns verwenden kann, wenn der Reiseverkehr behindert ist, so wird die Nachfrage nach Mark geschwächt. Die Schäden übermäßiger Devisenankäufe, d. h. einer Nachfrage, die über die Leistungsfähigkeit oder Willigkeit des internationalen Geldmarktes hinausgehen, lassen sich nicht ausmerzen. Wer auf ein Geschäft angewiesen ist, wird, zumal wenn alle Welt die Sachlage kennt, immer schlecht abschneiden.

Unsere Ausfuhr wird sich für das laufende Jahr vielleicht auf 3½ Milliarden Goldmark belaufen. Wenn wir zur Unterbewertung dieser großen Warenmenge noch die Verluste im Fremden- und Grenzverkehr sowie im besetzten Gebiet, die zeitweiligen Ausverkäufe in den Läden gerade an Ausländer und die starke unsichtbare Ausfuhr hinzunehmen, so dürfen wir die Verschleuderungsverluste auf etwa 1—1½ Milliarden Goldmark jährlich schätzen. Dabei sind die Verkäufe deutschen Grundbesitzes und deutscher Wertpapiere noch nicht einbegriffen.

VI. Irreführende Bilanzen.

So unglaublich es klingt, ist es doch wahr, daß es in Deutschland kaum zuverlässige Bilanzen mehr gibt. Wir können nicht sagen, sie seien unrichtig, denn richtig im Sinne des Gesetzes sind sie, nur sachlich sind sie nicht richtig. In den Bilanzen sowie den Gewinn- und Verlustrechnungen, wie sie das Handelsgesetzbuch und die Steuergesetze fordern, gilt der Grundsatz: Mark = Mark. Von Gesetzes wegen ist in Deutschland die Goldwährung nicht aufgehoben, und wo nichts anderes bestimmt ist, da ist kein Unterschied, ob Gold oder ältere oder neuere Papiermarkwerte in Betracht kommen. Ist ja alles eins! sagt der Gesetzgeber, und er sagt es, weil er die Papiermark hoch halten will. Aber auch für die Steuereinnahmen ist der Grundsatz förderlich.

Auf der Passivseite jeder Bilanz stehen das eigene Geschäftskapital und die fremden Gelder, wie z. B. Hypotheken und sonstige Kreditoren. Das Geschäftskapital pflegt durch Rücklagen oder ähnliche Konten verstärkt zu sein. Damit ist ungefähr die ganze Passivseite erschöpft. Einerseits sind es geschäftseigene, andererseits auf längere Zeit geliehene oder durchlaufende Kapitalien, die sie füllen. Bei Aktiengesellschaften ist das Aktienkapital als Inhaberkapital auf der Passivseite verzeichnet. Alle diese Kapitalien hatten einst Goldwert, soweit sie dem Geschäfte vor dem Kriege oder in dessen Anfang zugeflossen waren. Allmählich aber sind sie mehr oder weniger Papier im heutigen Werte geworden. Das ist ohne weiteres einleuchtend, soweit es sich um fremde Gelder, um Schuldsummen handelt. Jede Einlage eines stillen Teilhabers oder jeder sonstige Kredit können in Papiermark zurückgezahlt werden, auch wenn er in Goldmark gegeben war. Die Gläubiger sind durch die Fiktion Mark = Mark entrechtet, großenteils um Hab und Gut gebracht. Ein ganzes Elendskapitel wäre darüber zu schreiben, aber wir müssen scheinbar kaltherzig daran vorbeigehen, um den Rahmen unserer Arbeit nicht zu sprengen. Aber welche Ironie! Auch das Kapital des Geschäftsinhabers, gewöhnlich das Stammkapital genannt, ist der Gefahr gleichen Schicksals ausgesetzt. Das kommt daher: der Unterschied zwischen Aktiv- und Passivseite muß sich mit dem Ergebnis der Gewinn- und Verlustrechnung des Geschäfts decken. Überragt am Schlusse des Geschäftsjahres die Aktivseite die Passivseite, so ist ein Geschäftsgewinn in der Höhe ihres ziffernmäßigen Übergewichtes vorhanden, im umgekehrten Falle ein Geschäftsverlust. Wenn nun auf der Aktivseite die Posten, die dort eingesetzt sind, nicht in demselben Maße in bescheidenen Goldwertziffern angegeben sind, wie sie auf der Passivseite sich vorfinden, sondern wenn die Aktivposten in Höhe der Papiermarkziffern erscheinen, so wächst die Aktivseite über die Passivseite hinaus und es springt ein Gewinn, ein Scheingewinn heraus. Was für Posten finden wir nun auf der Aktivseite? Alles, was für die Zwecke des Geschäftes aus den auf der Passivseite stehenden Kapitalien angeschafft ist oder sonstwie in das Betriebsvermögen gelangt ist, steht auf der Aktivseite. Da finden wir Grundstücke und Gebäude, z. B. Fabrikgebäude, dann Maschinen, Ofenanlagen, Anschlußgleise, kurzum die gesamten Betriebsanlagen. Diese bilden das Anlage- oder stehende Kapital. Ihm pflegen die Posten des umlaufenden Kapitals zu folgen. Da sind z. B. Kohlen und Rohstoffe, wie Kupfer oder Wolle, kurzum Vorräte für den Betrieb und schließlich fertige Erzeugnisse, z. B. kupferne Drähte oder Wollgarne angesetzt. Die bisher genannten sind alles Sachwerte. Aber auch Forderungen finden sich, z. B. Forderungen an Kunden für gelieferte Waren und andere Debitoren, Bankguthaben, möglicherweise auch Wertpapiere, z. B. Reichsschatzanweisungen zur vorübergehenden Unterbringung unbeschäftigter Mittel. Soweit für die auf der Aktivseite stehenden Sachwerte einst Goldmark gezahlt worden sind, brauchen die Beträge nicht deswegen erhöht zu werden, weil sie nunmehr im Preise gestiegen sind, denn alle Gegenstände des Betriebes sind nach dem Einkommensteuergesetz nur nach dem „Anschaffungs"- oder „Herstellungspreis" einzustellen. Ist der Anschaffungs- oder Herstellungspreis höher als der gemeine Wert, so kann letzterer gewählt werden. Das Anlagekapital heißt nicht mit Unrecht stehendes Kapital, weil die Gegenstände, die zu ihm gehören, fest in der Benutzung des Betriebs stehen und nicht der Weiterverarbeitung und Weiterveräußerung dienen, wie das umlaufende Kapital. Das stehende Kapital erneuert sich infolgedessen nur langsam, und für seine Sachwerte sind deshalb in der Bilanz ganz überwiegend noch niedrige Goldmarkpreise angesetzt. Ein Gebäude oder Maschinen, die in der Friedenszeit angeschafft sind, stehen noch mit niedrigem Goldmarkpreis zu Buch. Möglicherweise sind sie, was bei Maschinen sich schnell vollziehen darf, bereits ganz abgeschrieben. Sie pflegen dann in der Bilanz, um sie wenigstens aufführen zu können, mit einer Mark verzeichnet zu werden. Wenn aber die Gebäude durch einen Neubau erweitert oder neue Maschinen angeschafft sind, so stehen diese mit dem neuen Papiermarkpreis unverhältnismäßig hoch zu Buch. Noch weit mehr gilt dies von den umlaufenden Kapitalien, weil diese ja dauernd im Geschäft ein- und ausgehen, sich also immer wieder verjüngen. Die Kohlen, die zur Feuerung dienen, die Wolle, die versponnen wird, werden immer wieder neu angeschafft, und immer höher werden ihre Preise mit der Geldentwertung; kurzum, die Aktivseite bläht sich zum Teil schon im Anlagekapital, noch mehr aber im umlaufenden Kapital immer weiter auf. Die Passivseite aber bleibt in der Aufblähung zurück. Vielleicht sind hier jüngere Kreditoren vorhanden, die mit größeren Papiermarkbeträgen erscheinen. Die meisten Werte aber stammen aus der Friedenszeit oder sind doch sonst älteren Datums. Die Werte der Aktivseite sind im Durchschnitt die jüngeren, diejenigen der Passivseite die älteren, und darum entsteht ein Übergewicht der Ziffern auf der Aktivseite, das jährlich auch in der Gewinn- und Verlustrechnung zum Ausdruck kommen muß. Das ist der Scheingewinn!

Es ist danach folgendes möglich: die Passivseite möge unberührt geblieben sein, auch auf der Aktivseite seien nur wenige

Veränderungen vorgekommen. Am Schluß des Geschäftsjahres seien nämlich nur halb so viel Vorräte und nur halb so viel fertige Erzeugnisse vorhanden. Am Ende des Vorjahres mögen die doppelten Mengen an Vorräten und fertigen Erzeugnissen gemäß ihren Anschaffungs- und Herstellungspreisen mit je einer halben Million, zusammen mit einer Million zu Buche gestanden haben. Inzwischen aber sind die Preise gewaltig gestiegen. Der Betrieb hat im Einkauf zurückhalten müssen und besitzt nur halb so viel Vorräte, aber diese sind viermal so teuer gekauft worden; sie stehen also mit einer Million Mark zu Buch. Und auch an fertigen Erzeugnissen ist nur die Hälfte vorhanden. Indes ihr Herstellungspreis ist auf das Dreifache gestiegen, und sie kommen deshalb mit 750 000 Mark in die Bilanz. Dann ist die Aktivseite um 750 000 Mark gewachsen, und das ist der Gewinn, da die Passivseite gleichgeblieben ist. Es erscheint also ein Gewinn, obgleich die Vorräte sowohl wie Waren sich auf die Hälfte vermindert haben und alle übrigen Posten gleichgeblieben sind. Der Sachwert des Vermögens hat sich vermindert, der Papierwert aber erhöht, und so ist ein Überschuß, ein Scheingewinn entstanden. Dieser Scheingewinn wird entsprechend dem hohen Satze des Einkommensteuergesetzes tüchtig versteuert und das Geschäft büßt noch weiter von seinem Sachwert ein. Wenn vollends der Geschäftsinhaber sich durch die Bilanz täuschen läßt — und die Geschäftswelt hat erst allmählich gelernt, den Wert solcher Bilanzen richtig einzuschätzen — und er seine Scheingewinne wie wirkliches Einkommen verbraucht, so geht er aus dreifachem Grunde in seinen Verhältnissen zurück: 1. weil er gar keinen Gewinn, sondern einen Verlust gehabt hat, 2. weil die Steuerbehörde behauptet, er hätte doch einen Gewinn, und ihn gehörig zur Einkommensteuer heranzieht, und 3. schließlich, weil er möglicherweise ebenso blind gewesen ist, an sein Einkommen geglaubt und es verbraucht hat. Auf demselben Wege werden die Aktiengesellschaften veranlaßt, Körperschaftssteuer auf ihr Einkommen zu zahlen und Dividende zu verteilen, während sie Verluste haben.

Der Gesetzgeber will die Erträgnisse der Steuern nicht zu sehr beeinträchtigen lassen, hat aber doch in etwas nachgegeben. Nach einem Abänderungsgesetz zum Einkommensteuergesetz können seit 1920 Rücklagen auf der Passivseite eingesetzt werden, die wenigstens die Erhaltung des Anlagekapitals sicherstellen sollen. Die Maschinen z. B. nützen sich allmählich ab oder veralten. Es kommt also die Zeit, da neue zu wesentlich höheren Preisen angeschafft werden müssen. Indes, die Mittel des Unternehmens verflüchtigen sich möglicherweise unter den obwaltenden Umständen, wenn keine Abhilfe vorgesehen wird. Deshalb sagt das Gesetz, daß die Mehrkosten, die zur Ersatzbeschaffung der zum Anlagekapital gehörigen Gegenstände voraussichtlich aufgewendet werden müssen, als Rücklage steuerfrei abgesetzt werden dürfen. Sie werden auf der Passivseite als Werterhaltungs- oder Erneuerungsrücklage durch Zuwendungen von Jahr zu Jahr gebildet. Die Gewinne erscheinen um ebensoviel kleiner wie die Passivseite durch die Zuwendungen zu der Rücklage belastet wird. Wären diese Rücklagen nicht zulässig, so könnte es vorkommen, daß Geschäfte fortdauernd Gewinne machen, aber doch nicht imstande sind, auch nur ihre Betriebsanlagen im gehörigen Stande zu erhalten, sobald einmal größere Aufwendungen nötig werden. Aber nur die Betriebsanlagen sind in dieser Weise sichergestellt, dagegen fehlt solche Vorkehrung für die Erhaltung der umlaufenden Mittel, namentlich für die Beschaffung der Vorräte und die Erhaltung der nötigen Warenbestände. Hier fordert die geschäftliche Praxis, daß ein bestimmter eiserner Bestand an Vorräten und fertigen Waren dem Geschäfte erhalten bleiben solle und daß auch hierfür eine Rücklage auf der Passivseite müsse angesetzt werden dürfen. Aber bisher hat es der Gesetzgeber nicht zugegeben. Das Reich will seine Steuern auch vom Scheingewinn, und der Kaufmann kann in die Lage kommen, daß seine Vorräte und Waren von ungesundem Steuerfraß vernichtet werden. Gute Geschäfte zu machen, kann für den Kaufmann bei dieser Rechtslage unter Umständen gefährlich sein. Guter Geschäftsgang nimmt ihm seine alte Ware, die billig zu Buche steht; und die neue Ware kommt zu wesentlich höheren Preisen herein. Während seine Warenvorräte schwinden, wächst ausweislich der Bücher sein Vermögen, und es entstehen Gewinne, die er versteuern muß, ohne daß er sie gehabt hat. Wäre er auf seiner Ware sitzen geblieben, wäre er möglicherweise besser daran. Um sich nicht zu verschlechtern, müßte der Kaufmann so viel an den Erzeugnissen, die er herstellt, oder an den Waren, die er umsetzt, verdienen, daß er für seine Einnahmen gleiche Waren in gleicher Menge herstellen oder wieder anschaffen könnte. Darüber hinaus müßte er auch seine Unkosten decken können und noch einen Gewinn für sich behalten. Kurzum, der Kaufmann müßte mit großen Gewinnaufschlägen rechnen, die insbesondere der fortschreitenden Geldentwertung gerecht würden. Man kann gar nicht genug verdienen, man wird doch immer ärmer, seufzt mancher Kaufmann, der da sieht, daß trotz aller scheinbaren Gewinne sein Betriebsvermögen dem Sachwerte nach immer geringer wird. Aber die Gesetzgebung hindert ihn durch Bindung der meisten Preise an einer Preisfestsetzung, bei der er in den Preisen mit der Geldentwertung Schritt hält. Darüber hinaus führen die Bilanzen die Kaufmannschaft zum Teil selbst irre und nehmen ihr den rechten Antrieb, in der Geschäftsführung vorsichtiger zu sein.

Von Grund aus ist der Wirrwar unserer Bilanzen nur durch Gesundung unserer Währung in Ordnung zu bringen. Denn Bilanz wie Geschäfts- und Verlustrechnung stützen sich auf die gesamte übrige Buchführung, deren Krönung sie lediglich sind. So lange aber die Währung schwankt, gehen in den Büchern Werte verschiedenen Ranges durcheinander. Ein Fortschritt auf dem Wege zur Besserung wäre immerhin mit der Anerkennung eines eisernen Bestandes an Vorräten und Fertigwaren und sein Schutz durch eine Rücklage zu erzielen. Damit wäre auch der größte Teil des umlaufenden Kapitals gegen die Folgen der Geldentwertung gesichert, ein neues Pflaster wäre auf die wunde Bilanz gelegt. Von mancher Seite wird die Einsetzung von Valutarücklagen auf der Passivseite zum Ausgleich der Geldentwertung ganz allgemein schon jetzt für zulässig erklärt. Aber so richtig sie wirtschaftlich wäre, rechtlich dürfte sie nicht haltbar sein. Die Praxis sucht jedenfalls nach Mitteln und Wegen, um durch Schaffung von offenen oder versteckten Rücklagen das Übel zu mildern. Ganz will Schmalenbach den Schaden ausschneiden. In seiner Schrift „Goldmarkbilanz, Berlin 1922" bringt er den Entwurf eines Gesetzes, das die Aufstellung von Goldmarkbilanzen vorsieht. Alle Werte der Bilanz, wie sie aus den Büchern hervorgehen, werden in Goldmark umgerechnet. Die Umrechnung geschieht nach Durchschnittswerten unter Berücksichtigung der Zeit, aus der sie stammen. Völlige Genauigkeit würde damit nicht erzielt, aber es wäre doch viel an Klarheit gewonnen. Auch wenn das Gesetz Goldmarkbilanzen noch nicht anerkennt, insbesondere nicht erlaubt, sie den Steuererklärungen zugrunde zu legen, so sollte doch jeder Kaufmann, um sich selbst Klarheit zu verschaffen, nach einer möglichst genauen Goldmarkbilanz streben, wozu ihm Schmalenbach Führer sein kann. In Österreich, wo die Währungszerrüttung ja noch schlimmer als bei uns war, sind Goldkronenbilanzen für den privaten

Gebrauch sehr üblich geworden. Übrigens würde es auch für das Verständnis unserer öffentlichen Etats nicht schaden, wenn wenigstens ihre Hauptziffern, in Goldmark umgerechnet, nebenbei angemerkt würden.

VII. Verbilligung der Preise.

Die Kriegswirtschaft hatte Großartiges geleistet. Sie hatte den dringendsten Bedarf der Bevölkerung sichergestellt, die Kriegsindustrie ins Leben gerufen und ihr die nötigen Rohstoffe vorbehalten: aber die Gütererzeugung im ganzen hatte sie nicht heben können. Ihren schnellen Abbau hinderten mancherlei Umstände. Zuletzt stellte sich die Volksstimmung einer Milderung mancher Maßnahmen entgegen, als die Wirkung der uns aufgezwungenen Erfüllungspolitik die Mark in den Abgrund geworfen hatte, die Preise ungeheuer stiegen und Löhne und Gehälter nicht mehr entsprechend wuchsen. Vollends seit Herbst 1922, als abermals ein starker Marksturz erfolgte, ertönte der Ruf nach neuem Eingreifen der Regierung, um der Teuerung Einhalt zu tun. Nicht nur bei den Linksparteien, auch innerhalb der bürgerlichen Parteien gärte es bei aller Unklarheit der Auffassungen. In dem rechtsgerichteten Bayern führten solche Stimmungen sogar zu einem Personenwechsel in der Regierung. Insgeheim aber erfaßte weiterschauende Köpfe schon lange der Zweifel, ob die so volkstümliche Verbilligungspolitik denn wirklich zum Ziel führe und wir nicht zum Teil an Teuerung durch Verbilligung litten. Aber es fehlte bisher ein klarer Nachweis der Zusammenhänge, um dieser Meinung den Sieg zu verschaffen. Bis die öffentliche Meinung dahin gebracht ist, aber halten die Volksmassen sich an das Nächstliegende und fordern Herabsetzung der Preise. Wie, das ist Sache der Regierung, und danach ausschauen sahen wir den Wirtschaftsminister Rob. Schmidt bis zu seinem letzten Tage, während ihn seine große Partei durch scharfe Forderungen antrieb. Die Wege der neuen bürgerlichen Regierung aber sind noch nicht erkennbar.

Als stärkstes Stück ist uns aus der Zwangswirtschaft die Regelung des Wohnungswesens geblieben. Hier sind wir immer schlimmer in die Sackgasse hineingeraten, worüber wir noch besonders sprechen. Sonst ist zur zwangsweisen Hergabe von Eigentum nur noch die Landwirtschaft verpflichtet, die auch für die letzte Ernte noch mit der Getreideumlage belastet ist. Auch hierüber wird eigens zu reden sein. Die minderbemittelte Bevölkerung erhält noch verbilligtes Brot; auch für etwas ermäßigte Hausbrandkohlen und die Verteilung von Zucker wird noch gesorgt.

Im übrigen gilt ganz allgemein die Preiswuchergesetzgebung, die sich die Bekämpfung übermäßiger Preise zum Ziel setzt. Nach der Preistreibereiverordnung ist der Kaufmann genötigt, für Gegenstände des täglichen Bedarfs von den Gestehungspreisen auszugehen und sich auf einen Gewinn zu beschränken, der sich in Berücksichtigung der gesamten Verhältnisse nicht als übermäßig darstellt. Volkswirtschaftlich betrachtet, regeln sich die Preise indes nicht nach den Herstellungs-, sondern nach den Wiederherstellungskosten oder, aus der Sprache der Erzeugung in die des Handels übersetzt, nach den Wiederanschaffungskosten. Jeder Fabrikant, jeder Händler muß sich bei freier Wirtschaft in seinen Preisen mehr oder weniger denjenigen Preisen anpassen, mit denen die neue Ware jeweilig auf den Markt kommt. Der neueste Stand der Dinge entscheidet in Industrie und Handel darüber, ob die Preise nach oben oder nach unten gehen. Die neue Ware ist preisführend, nicht aber sind es die Gestehungskosten der auf Lager befindlichen Bestände, wenn von ihnen auch mancherlei Hemmungen ausgehen. Dieser Widerspruch des Gesetzes gegen wirtschaftliche Notwendigkeit und kaufmännische Übung hat der Praxis viel Mühe gemacht. Gerichte und Polizeibehörden sowie ihre Hilfsorgane, die Preisprüfungsstellen, haben sich mit der Frage befaßt, inwieweit der Geldentwertung Rechnung zu tragen sei. Zuletzt hat sich die Überzeugung immer mehr Bahn gebrochen, daß unter dem Titel der Berücksichtigung der gesamten Verhältnisse, wie sie die Verordnung erlaubt, eine Gefahrprämie für die drohende Geldentwertung auf die Gestehungspreise aufgeschlagen werden dürfe. In Bayern ist neuestens von der Landespreisstelle sogar ein Tarif in Anlehnung an die Steigerung der Löhne und Gehälter bekanntgemacht worden, der für die Bemessung der Preisaufschläge zur Anwendung kommen darf. Der Sinn der Sache ist, von seiten des Kaufmannes angesehen, daß das in Waren angelegte Betriebskapital sich in derselben Weise würde vermehren können, wie die Löhne und Gehälter steigen. Das ist eine Verquickung ungleichartiger Dinge. Löhne und Waren verschiedener Art, vollends Auslandswaren, können eine sehr abweichende Preisbewegung haben. Indes das bestehende Recht läßt gesunde Logik nicht zu, und immerhin bedeutet die Bestimmung eine erwünschte Erleichterung.

Richtig wäre allein, daß der Wiederbeschaffungspreis der Preisberechnung zugrunde gelegt werden darf. Damit würde die Preiswuchergesetzgebung mit ihren zahlreichen Ausführungsorganen in der Hauptsache überflüssig werden. Inzwischen leiden hauptsächlich der kleine Handel, auch das kleine Gewerbe und die Landwirtschaft unter ihr. Die Preise der Industrie lassen sich weniger leicht nachrechnen. Immerhin ergeben sich für die Regierung auch hier Handhaben. Aber den Kampf gegen Syndikate und Preisvereinbarungen hat die Regierung doch kaum aufzunehmen vermocht.

Wo die Preiswuchergesetzgebung ein Feld findet, tut sie Schaden wie jedes Gesetz, das der wirtschaftlichen Vernunft widerstrebt. In der Landwirtschaft gibt es bekanntlich keine festen Gestehungskosten für das einzelne Erzeugnis. Der landwirtschaftliche Betrieb ist ein einheitliches Ganzes, und alle Preise bedingen einander. Der Bauer kann nicht lediglich Getreide oder lediglich Kartoffeln bauen, weil er aus der einen oder anderen Frucht mehr löst. Der Acker verlangt Fruchtwechsel. Jeder Betrieb ist wieder anders; es läßt sich deshalb im einzelnen gar nicht sagen, wie hoch jedes Erzeugnis dem Landwirt zu stehen kommt. Es lassen sich nur allgemeine Durchschnittspreise feststellen, von denen man annimmt, daß die Landwirtschaft damit auskommen kann. Nun steht aber die Landwirtschaft unter dem Gesetz des abnehmenden Bodenertrages. Kleine Ernten, geringe Viehbestände erfordern durchschnittlich nicht bloß unbedingt, sondern auch verhältnismäßig geringeren Aufwand an Arbeit und Kapital; oder anders ausgedrückt, der elfte oder jeder weitere Zentner, das elfte oder jedes weitere Stück Vieh kommen teurer zu stehen als der zehnte Zentner und das zehnte Stück. Bei intensiver Wirtschaft müßten dem Landwirt also höhere Preise zugebilligt werden als demjenigen, der extensiv wirtschaftet. Dies geschieht aber nicht und kann auch nicht geschehen, sondern es werden eben Durchschnittspreise als angemessen erachtet. Diese Preise ziehen der Erzeugung eine bestimmte Grenze. Die Landwirtschaft leidet in erster Linie unter dem Preisdruck, während in der Industrie überwiegend andere Hemmungen in Betracht kommen.

Noch schlimmer als die Landwirtschaft ist aber der Kleinhandel von der Wuchergesetzgebung betroffen. Darf der Kaufmann nicht den Wiederbeschaffungspreis nebst angemessenem Gewinn fordern, so kann er seine Warenbestände nicht auf gleicher Höhe halten. Nehmen wir ein Schreibwarengeschäft an. Hier sind mit den Papierpreisen alle Preise gewaltig in die Höhe gegangen, und die Kauferlöse reichen deshalb nicht aus, um so viel Ware wieder hereinzubringen, wie verkauft wird. Der Händler verkauft sich aus, und zuletzt hat er in wenigen Kästen und Regalen die Ware liegen, die ihm ebenso hoch zu Buche steht wie einst der gefüllte Laden. Denkt man sich den Ausverkauf bei steigenden Preisen ins Endlose verlängert, so mag ein Karton Briefpapier mit Umschlägen schließlich den ganzen Wert des Lagers verkörpern, wenn nämlich der Karton mit seinem Inhalt etwa 3000 Mark an Wert erlangt hat, so viel wie ursprünglich das Geschäftskapital ausmachte. Doch ein wenig hat nun zwar die Praxis nachgelassen und das starre Festhalten am Gestehungspreis etwas gemildert. Immerhin hat der Einzelhandel schwer gelitten. Sein Kapital hat er großenteils wegschenken müssen, und an wen? An diejenigen, welche schnell bei der Hand waren, wenn die Preise stiegen. An die Ausländer, welche in Scharen kamen, und an die zahlungsfähigen Inländer, die ihr Geld vielleicht in Devisen liegen hatten und die Geldentwertung deshalb nicht mitmachten, während sie billige Ware auf Vorrat hinlegten. Wer also Verstand und das Geld dazu hatte, konnte und kann noch heute in Deutschland billig leben. Am besten sind noch die Läden mit flottem Umsatz daran. Denn wenn die Gewinne sich oft wiederholen, so vermögen sie die Verluste an der Geldentwertung am leichtesten zu tragen. Manche kluge Hausfrau aber sucht die kleinen Läden auf, wo noch alte Ware liegt, die billig abgegeben werden muß. Man kann heute gar verschieden in Deutschland einkaufen; denn der Preis richtet sich nicht bloß nach dem Wert, sondern auch nach dem Datum der Ware. Ladenhüter lassen die Augen des Findigen erstrahlen. Der Händler aber muß auf krumme Wege sinnen, um sein Vermögen zu retten und doch dem Verhängnis zu entgehen, das ihn entehrender Bestrafung vor dem Wuchergericht und öffentlicher Bekanntgabe seines Namens aussetzt. Ehrlich währt, meint er, mit einem Blick auf seine schwindenden Bestände in solcher Zeit nicht immer am längsten.

VIII. Kapitalschwund oder Überverbrauch.

Das Reich hat sich durch die Notenpresse über 25 Milliarden Goldmark geschaffen. Dies wäre der Betrag, der sich ergäbe, wenn man den Wert der ausgegebenen Noten nur zu dem Werte ansetzte, den die Mark dem Dollarkurse nach hatte. Indes im Inlande, z. B. in der Besoldung der Beamten, vermochten Reich, Staat und Gemeinden die Noten zu höherem Werte zu nutzen. Doch die Notenpresse führt der Wirtschaft keine neuen Werte zu. Der Gesamtwert der im Verkehr befindlichen Noten verändert sich wenig; er steigt nicht mit dem Zufluß, sondern was hinzukommt, verdampft gleich wieder. Die Zahlung mit Noten ist, im ganzen gesehen, keine wahre Zahlung. Der einzelne Empfänger der Noten ist bezahlt, aber nicht durch den Staat, sondern durch die gesamte Wirtschaft, die die entsprechenden Verluste erleidet. Die Notenpresse ist eine Maschine, die dem einen gibt, was sie dem anderen heimlich aus der Tasche zieht. Wäre nicht der Staat ihr Eigner, wäre kein Wörtchen scharf genug.

Entzieht der Staat, was er listig nimmt, dem Vermögen oder dem Einkommen seiner Bürger? Ist die Notenausgabe eine Art der Besteuerung des Einkommens oder des Vermögens? Verlust am Papiergeld erleidet zunächst jeder, der solches in Händen hat. Er kann es als Vermögen und er kann es als Einkommen haben. Nehmen wir an, ein Landgut sei verkauft und bezahlt. Der Erlös ist Vermögen. Es wird wieder ein Landgut gekauft. Aber da inzwischen das Geld sich entwertet hat, sind die Güterpreise gestiegen. Das neue Gut ist von geringerem Sachwert. Es liegt ein Vermögensverlust vor. In einem anderen Falle empfängt ein Arzt Honorar und läßt es auf der Bank liegen, bis er es für den Haushalt braucht. Inzwischen steigen die Preise; er verliert am Einkommen. Indem er am Einkommen verliert, vermag er auch weniger zurückzulegen. Die Minderung der Sparkraft schädigt die Vermögensbildung. Dann schädigt der Vorgang auch das Vermögen der Volkswirtschaft. Soll das Vermögen oder Kapital nicht leiden, so ist erforderlich, daß jeder, der Sachwerte hergibt, dies nur zu einem Preise tut, bei dem er sicher ist, Sachgüter gleichen Wertes wieder erwerben zu können. Er muß also den Wiederbeschaffungspreis fordern und mehr als diesen. Sein Preis muß auch alle seine Unkosten decken und, wenn es sich um einen geschäftlichen Vorgang handelt, auch einen angemessenen Gewinn einschließen. Unter die Unkosten aber muß eine Gefahrprämie eingerechnet werden, die der wahrscheinlichen Geldentwertung bis zur Anschaffung des neuen Sachwertes entspricht. Es muß nicht bloß die Absicht zu solcher Rechnungsweise, sondern auch die Fähigkeit, sie richtig durchzuführen, vorliegen. Die Preisberechnung, Kalkulation, muß also entsprechend ausgebildet sein. Die Nachprüfung aber, ob ein Unternehmen richtig gerechnet hat, erfolgt am Jahresschluß in der Berechnung des Geschäftserfolgs oder der Gewinn- und Verlustrechnung und in der Vermögensübersicht oder Bilanz. Die Zuverlässigkeit der Bilanzen und Gewinn- und Verlustrechnungen darf nicht getrübt sein, sonst findet der Kaufmann nicht heraus, ob er im Lauf des Jahres richtige Preise gemacht hat. Alle diese Vorgänge nun hat der Gesetzgeber gründlich verdorben. Er verbietet die geschäftlich richtige Preiserstellung und beeinträchtigt ihre zuverlässige Nachprüfung durch Bilanz und Erfolgsrechnung. Sein Gesichtspunkt ist, für billige Preise und tüchtige Steuern zu sorgen. Damit überwälzt er, so weit an ihm liegt, die Verluste an der Geldentwertung auf das Kapital und schont die Einkommen. Infolge der auf Kapitalkosten billig gehaltenen Preise üben alle Einkommensbezieher eine stärkere Kaufkraft aus. Der Verbrauch wird höher gehalten, als er ohne Kapitalverzehr sein könnte.

Ein Umstand nun ist es, der die Schäden der Geldentwertung vervielfacht. An der Geldentwertung leidet zunächst ein jeder Schaden, der Geld zeitweilig in Händen hat. Er leidet Schaden an eben dieser Summe und in der Höhe, in der sie an Kaufkraft einbüßt. Aber weit größer sind die Verluste an den ausgeliehenen Geldern als an denen, die man in der Tasche trägt. Denn die Summen, die ausgeliehen sind, sind unendlich viel größer als diejenigen, die als bare Kasse gehalten werden. Im Geschäftsleben wird Kredit gegeben und genommen, und Verluste und Gewinne in der Geldentwertung gleichen sich zum Teil aus. Aber es gibt in Deutschland vielleicht 130 bis 160 Milliarden Goldmark und darüber, die auf die Dauer ausgeliehen sind. Etwa 70 Milliarden sind davon Hypotheken, etwa 30 öffentliche Schulden und das Übrige sonstige langfristige Kredite. Auch Aktien und ähnliche Geschäftsanteile sind dabei eingerechnet, weil sie, wenn auch nicht rechtlich, so doch wirtschaftlich als Gelder angesehen werden dürfen, die einem fremden Unternehmen geliehen sind. Große Schichten der Bevölkerung leben von den Renten, die diese Kapitalien abwerfen. Es sind darunter viele noch im Erwerb stehende Personen, namentlich der in den wissenschaftlichen und künstlerischen Berufen tätigen wichtigsten Träger deutscher Kultur. In diesen Kreisen ist ein kleines in Wertpapieren angelegtes Vermögen aus eigenem Erwerb oder als Familiengut sehr häufig. Aber auch viele Rentner aus jedweder Berufstätigkeit, Witwen und Waisen sind zahlreich darunter. Alle diese Personen sind nunmehr um ihr Hab und Gut gebracht, sind proletarisiert. Im ganzen dürfte die Hälfte des deutschen Volksvermögens als Leihkapital ausgegeben und somit mit in den Strudel der Geldentwertung hineingezogen sein.

Der Geschäftsinhaber, der zu billige Preise machen muß, der nicht sieht, daß seine Bilanzen nicht stimmen, daß sein Geschäftsvermögen trotz aller Scheingewinne zurückgeht und der erdrückende Steuern zahlen muß, tröstet sich vielleicht damit, daß die Hypothekenlasten auf seinem Hause auf ein Nichts gesunken sind oder der Kredit, den er von seinem stillen Teilhaber her genoß oder den ihm die Bank einräumte, nur wenig für ihn bedeutet. Jeder Landwirt, jeder Hausbesitzer, der Hypotheken auf seinem Besitz hat, nimmt an solcher Erleichterung teil. Kurzum, die billigen Preise gehen nicht allein zu Lasten der Unternehmer in Gewerbe und Landwirtschaft und im Miethausgewerbe, sondern noch mehr zu Lasten der Leihkapitalisten. Sie sind es, die die eigentlichen großen Verluste erleiden, und mancher Unternehmer berechnet sich, daß, wenn auch seine Lagerbestände kleiner geworden und der Zustand seiner Maschinen und sonstigen Betriebsmittel vielleicht nicht sonderlich ist, der Nachteil doch dadurch wettgemacht ist, daß er so gut wie frei von Schulden geworden ist.

Betrachten wir, um dieses alles noch klarer zu machen, ein Beispiel! Wir machen das Beispiel gegenüber der Wirklichkeit des Lebens ein wenig schematisch zurecht, nur damit der Leser leicht folgen und es nachrechnen kann. Ein Sägewerk kauft einen Wald teils mit eigenem Geld, teils mit einem Bankkredit von einer Million. Der Wald wird gefällt, es werden Bretter geschnitten und verkauft. Nach Abschluß des ganzen Geschäftes und Rückzahlung der einen Million nebst Zinsen und Provision an die Bank hat das Sägewerk nicht bloß sein Kapital wieder heraus, sondern darüber hinaus noch eine Million als Gewinn übrig. Ist der Gewinn wirklich eine Million? Der Geldwert sei inzwischen auf ein Viertel gesunken; dann ist also der Gewinn nur eine Viertel Million nach früherem Gelde, sagen wir nach Goldmark. Hat die Bank ihre Million richtig zurückbekommen? Rechtlich ja, aber wirtschaftlich nicht. Ihre Million hat jetzt auch nur noch eine Viertel Million Wert. Sie oder ihre Geldgeber, z. B. ihre Depositeneinleger, haben wirtschaftlich drei Viertel Millionen eingebüßt. Also wirtschaftlich gesehen ist eine Viertel Million verdient und sind drei Viertel Million eingebüßt. Wo bleibt dann der Unterschied von einer halben Million? Dies ist der volkswirtschaftliche Verlust. Und wo ist er geblieben? Wenn die Ware ausgeführt ist, dann ist eine halbe Million nach dem Auslande verschleudert. Ist sie im Inlande verwendet, so ist sie überverbraucht. Vielleicht hat der Sägewerksbesitzer höhere Löhne bezahlt als er bei richtiger Preisberechnung hätte tun können. Dann ist ein Teil des volkswirtschaftlichen Verlustes durch die Arbeiterschaft in den Überverbrauch übergegangen und der Überverbrauch der Bezieher der Bretter oder der Verschleuderungsverlust an das Ausland ist entsprechend geringer. Hat übrigens der Sägewerksbesitzer in jedem Falle eine Viertel Million verdient? Er hat sie insofern nicht verdient, sondern einen Verlust gehabt, wenn er an dem eigenen mitverwendeten Kapital gleichfalls Einbuße durch die Geldentwertung hatte.

Aus der Beobachtung, daß nicht das eigentliche Geschäft, sondern die sich entwertenden Kredite die besten Gewinne abwerfen, entwickelte sich ein umfangreicher Kreditmißbrauch. Es werden in Deutschland Waren auf Kredit gekauft und bei den Banken werden Wertpapiere auf Kredit angeschafft, wobei es fast unmöglich ist, berechtigten von unberechtigtem Kredit zu unterscheiden. Indem die Reichsbank ihren Diskont stets weit niedriger hielt als der Geschwindigkeit der Geldentwertung und den Gewinnen entsprach, die aus ihr mit Hilfe der Kredite zu ziehen waren, beförderte sie auch den unberechtigten, d. h. nicht zu wirtschaftlich produktivem Zwecke nachgesuchten Kredit. Die Spekulation erfaßte immer weitere Kreise und zog das Gewinnstreben von dem soliden Geschäfte ab, das heute mit so viel Beschwerlichkeiten verbunden ist. Selbst Ausländer genießen bei uns Kredite und leben damit nicht bloß billig, sondern können auch noch gewinnen. Reelle und unreelle Geschäfte werden also in stärkstem Maße durch den Kapitalschwund finanziert. Die einen gewinnen, die anderen verlieren. Selbst die Arbeiterschaft geht nicht leer aus. Indem es mit Hilfe irreführender Bilanz- und Erfolgsrechnung so leicht möglich ist, Gewinne zu erzielen und indem die in jedem Unternehmen arbeitenden fremden Gelder sich zum Vorteil des Inhabers entwerten, war es nicht immer nötig, bei Lohnstreitigkeiten allzu schwerfällig zu sein. Es konnten gute Löhne bewilligt werden. Freilich, die beste Zeit ist vorüber. Der Kapitalschwund namentlich zu Lasten der fremden Kapitalien fiel am meisten ins Gewicht, so lange der Wert noch verhältnismäßig hoch stand und Kredit in großem Umfange und billig erlangt werden konnte. Das war 1919, auch 1920 noch vollkommen der Fall. Seitdem ist die Beschaffung fremden Geldes immer schwieriger geworden. Die Gewinne zu Lasten des fremden Kapitals fallen allmählich ganz aus. Der Unternehmer überlegt sich mehr und mehr seine Lage, fürchtet den Verlust des eigenen Kapitals und sieht sich genötigt, strenger zu rechnen, auch die Löhne anders zu wägen.

Nicht bloß in Löhnen und Gehältern vermochten viele Unternehmungen lange üppig zu sein, manche hatten derartige Gewinne, daß es zumal bei Aktiengesellschaften geboten erschien, sie nicht voll zum Ausdruck kommen zu lassen. Daher namentlich erklärt sich eine gewisse Verschwendung in Bauten und Beschaffung von Betriebseinrichtungen, die lange zu bemerken war. Der Kapitalschwund war — es ist merkwürdig genug — mit einer nicht unerheblichen Kapitalverschwendung verbunden.

Deutschland hat hauptsächlich seit dem Umsturz maßlos vom Kapital gelebt. Die Wirtschaftspolitik hat alles getan, um den Verbrauch der Bevölkerung zu verbilligen und dem Kapital die Lasten zuzuschieben; auch die Steuergesetzgebung warf sich auf den Besitz. Die Förderung der Einkommensverhältnisse, d. h. namentlich der Löhne und die Erleichterung des Verbrauches der breiten Massen der gewerblichen Arbeiterschaft verbesserte ihre Lage weit über das Maß dessen, was unsere Volkswirtschaft zu leisten vermochte. Den Arbeitsleistungen wurde damit starker Abbruch getan, indem auch geringere Anstrengungen bei verkürzter Arbeitszeit den notwendigen Lebensunterhalt oder auch mehr erbrachten. Dadurch wurde die Gütererzeugung weiterhin und stärker als durch irgend einen anderen Umstand vermindert. Um so tiefer gerieten wir in den Kapitalschwund oder, was dasselbe ist, in den Überverbrauch hinein. Denn Überverbrauch liegt dann vor, wenn der Verbrauch nicht durch die Erzeugung allein gedeckt, sondern vom Kapital mitgezehrt wird. Der Verbrauch in manchen Kreisen der Arbeiterschaft war zeitweilig verschwenderisch. Er ist es auch noch heute bei zahlreichen Spekulanten und ähnlichen Großverdienern, deren Gewinne wohl hauptsächlich unter Benutzung fremder Kredite oder durch unerlaubte Ausfuhr oder ähnliche zweifelhafte Geschäfte entstehen. Im ganzen freilich ist der Verbrauch der gesamten Bevölkerung schlimmer Minderverbrauch gegenüber der Zeit vor dem Kriege.

Noch immer gibt es Leute, die ihr Geld in Papiermark ausleihen; aber ihrer und der Sparer werden immer weniger. Kredit und Kapitalbildung sind ganz zurückgegangen. Indem fast keine Kapitalneubildung den Kapitalverzehr mildert, schreitet der letztere um so schneller vorwärts. Wer nicht Sachwerte oder Wertpapiere, hinter denen solche stehen, erwerben kann, gibt sein Geld für mehr oder weniger entbehrliche Sachen aus. Freilich bleibt bei den breiten Massen jetzt nicht mehr viel übrig. Immerhin verschärft aber die Unmöglichkeit, Ersparnisse sicher anzulegen, den Überverbrauch.

Der Kapitalschwund zeigt sich den Augen in dem Verfall der Häuser, in dem Zustande mancher landwirtschaftlichen und gewerblichen Betriebe, vor allem in der Verrringerung aller Vorräte und fertigen Waren. Übrigens hat auch der Hausrat und die Kleidung der Bevölkerung, namentlich im Mittelstande, eingebüßt, wo überwiegend Vorhandenes verbraucht oder mitunter selbst zu Geld gemacht wird. Hierbei handelt es sich um Gebrauchsvermögen, nicht um Kapital, das der Erzeugung gewidmet ist, und dessen Einbuße deshalb mehr den einzelnen als die Gesamtwirtschaft trifft.

IX. Mindererzeugung in Industrie und Gewerbe.

Ein bedeutender Teil der gewerblichen Unternehmungen hatte in der Kriegswirtschaft gut verdient. Viele hatten glänzende Gewinne gemacht. Technisch gingen die meisten aber doch geschwächt aus ihr hervor. Der Bedarf war einseitig gewesen; die Friedensbedürfnisse erforderten Umstellung, und während des Krieges war alles auf schnellen Erfolg und wenig auf die Pflege des Betriebes eingerichtet gewesen. Nach Kriegsende kam ein neuer starker Aufschwung; dringender Bedarf im Inlande und im Auslande war zu decken. Die fallende Mark erleichterte die Ausfuhr über die Maßen. Der Käufer lief überall hinter dem Verkäufer her. Auch diese Zeit war für technische Verbesserungen nicht geschaffen. Nach und nach aber kam die Kapitalnot, und die Preise wurden weniger lohnend. Wenn wir das Ganze überschauen, so dürfen wir als Gesamtergebnis eine erhebliche Schädigung des Erzeugungsapparates gegenüber der Zeit vor dem Kriege feststellen.

Mit der Aufzehrung der Kredite und der Verringerung der eigenen Kapitalien infolge der Geldentwertung ist fast überall Kapitalnot eingetreten. Ein Blick in die Anzeigen der Zeitungen gibt Aufschluß darüber, wie sehr die Geschäftswelt nach Kapitalien ausschaut. Hohe Zinssätze sind häufig geworden. In den Bilanzen erscheinen weit höhere Summen, aber die dahinter stehenden Sachwerte sind geringer geworden. Am leichtesten erscheinen noch immer die Aktiengesellschaften mittels der Kapitalerhöhungen, die sie vornehmen, sich helfen zu können. Die Kapitalerhöhungen machen bereits das Mehrfache der vor dem Kriege in den Aktiengesellschaften angelegten Kapitalien aus. Sie zeigen den großen Kapitalverzehr an. Denn im geringsten Maße handelt es sich bei den Erhöhungen um Neuerwerb von Betrieben oder Ausdehnung der vorhandenen Betriebsanlagen. Zahlreiche Betriebe, die sich keine Mittel verschaffen können, leben von der Hand in den Mund. Nicht wenige sind zur Einschränkung der Erzeugung aus Kapitalnot gezwungen.

Die Arbeitsleistungen waren nach dem Kriege stark zurückgegangen. Anstrengungen und Krankheit hatten viele im Kriegsdienst oder schlechte Ernährung manche in der Heimat erschöpft. Dazu kamen die politischen Unruhen. Gegen das Kapital war der Haß entfacht. Jedenfalls war bei den wenigsten Arbeitern noch etwas wie Anteilnahme für das Gedeihen des Betriebes zu finden. Es galt der Grundsatz, die eigene Arbeitskraft zu schonen, dem Unternehmer nichts umsonst zu geben und zu sorgen, daß Platz für andere offen bleibe. Streiks waren an der Tagesordnung. Dazu kam die verringerte Arbeitszeit infolge des mit dem Umsturz alsbald eingeführten Achtstundentages. Auch der Achtstundentag oder die 48stündige Arbeitswoche wurden vielfach noch gekürzt. Bei der Gebundenheit der Arbeit an die Maschine und die sonstigen Arbeitseinrichtungen ließ sich die Ergiebigkeit der Arbeit nur selten entsprechend steigern. Selten wurde mehr, fast überall weniger in der gleichen Arbeitszeit, d. h. auf die Stunde berechnet, geleistet. Die Stücklohnarbeit war anfänglich ganz zurückgedrängt und ist noch heute weniger ausgebreitet und nicht so scharf gehandhabt wie früher. Die Einstellung und die Entlassung von Arbeitern ist erschwert. Die Demobilmachungsvorschriften, der Einfluß der Organisationen und Betriebsräte und nicht zum wenigsten die Zustände im Wohnungswesen erschweren überall den Arbeiterwechsel. Je kleiner die Verhältnisse sind, desto unbedingter ist jeder Betrieb auf die vorhandene Arbeiterschaft angewiesen. Selbst Werkwohnungen können nicht gekündigt werden. Untüchtige Arbeiter können nicht entfernt werden, andererseits findet der Tüchtige sein Fortkommen weit schwerer. Es hat eine Ausgleichung der Leistungen auf niederer Höhe stattgefunden. Bei den Lohnregelungen haben die Massen der ungelernten und jüngeren Arbeiter verhältnismäßig bessere Löhne durchgesetzt. Die gelernten Arbeiter unterscheiden sich weniger von ihnen als vor dem Kriege. Der Trieb, sich auszubilden, ist zurückgegangen. Er hatte schon unter den Kriegsnotwendigkeiten stark gelitten. Kurzum, die Veranlassung zu besserer Leistung ist vermindert und die Möglichkeit hierzu verschlechtert.

Der Unternehmer und die leitenden Angestellten sind durch die sozialen und politischen Aufgaben der Zeit mehr als früher in Anspruch genommen. Die Geldentwertung erschwert jede Übersicht über die Preise und alle geschäftlichen Maßnahmen. Die Außenhandelskontrolle greift in den auswärtigen Verkehr ein. Die Steuern machen große Sorgen, zumal sie in nicht geringem Maße vom Scheingewinne erhoben, in Wirklichkeit also vom Kapital bezahlt werden müssen. Die Kontore und Büros müssen viel unfruchtbare Arbeit leisten. Einen kleinen aber gesicherten und leicht arbeitenden Betrieb für bessere Zeiten durchzuretten, erscheint den meisten Unternehmern heute vorteilhafter als auf Ausdehnung und große Geschäfte bedacht zu sein. Der Zusammenschluß in Kartellen und Konventionen ist enger als je. Damit sind die Preise gesichert, und auch geringerer Umsatz verspricht Nutzen; neue Wettbewerber können schwer aufkommen. Schon an der Schwierigkeit, die notwendigen Räume für den Betrieb und die Arbeiterschaft zu gewinnen, erstickt in der Regel solch Vorhaben. Auch Ladengeschäfte werden kaum neu eröffnet. Der freie Wettbewerb ist im großen Umfange ausgeschaltet. Ebenso wie dem Arbeiter der Antrieb zu höheren Leistungen genommen ist, so größtenteils auch dem Unternehmer. Bedeutende Kräfte sind zudem auf Spekulation und unerwünschte Geschäfte, die die größten Gewinne abwerfen, abgelenkt.

Wohin wir blicken, ist deshalb die Erzeugung geringer. Der Kohlenbergbau leistet trotz vermehrter Arbeiterzahl noch immer nicht das, was er vor dem Kriege förderte. Im Ruhrkohlenbergbau sind wir nunmehr bis auf 84 v. H. der Erzeugung gelangt. Erheblicher noch sind wir in der Eisenindustrie und vollends in denjenigen Industrien zurück, in denen wir ganz auf fremde Rohstoffe angewiesen sind. So leidet die Textilindustrie besonders. In sehr ungefährer Schätzung wird man annehmen müssen, daß die Mindererzeugung von Industrie und Gewerbe sich auf 5 bis 7 Milliarden gegenüber der Friedenszeit beläuft.

X. Mindererzeugung in der Landwirtschaft.

Die Kriegswirtschaft hatte eine vernachlässigte Landwirtschaft zurückgelassen. Während des Krieges hatte es an Arbeitskräften, an Düngemitteln, an ausländischen Futtermitteln und vielem anderen gefehlt. Die öffentlichen Preise waren niedrig, und die Erzeugung war deshalb stark extensiv geworden. Eine Erholung konnte nur allmählich erfolgen, zumal die Zwangswirtschaft nur langsam abgebaut wurde und in ihren letzten Resten noch jetzt Ende 1922 besteht. Noch immer ist von der Landwirtschaft eine Getreideumlage von 2½ Millionen Tonnen zu einem unsicheren Papiermarkpreise als starke Sonderbelastung zu tragen. Hierdurch wird die Erzeugung vom Getreideanbau abgedrängt. Die Erntefläche für Brotgetreide betrug 1922 nur 5,2 gegen 6,6 Millionen Hektar im Jahre 1913. Weit stärker noch war der Ausfall an der Menge des geernteten Getreides, indem die Hektarerträge stark zurückstehen. 1922 wurde an den vier Hauptgetreidearten nur 12,9 Millionen Tonnen gegen 25,8 Millionen Tonnen im Jahre 1913 eingebracht. Die Getreideernte von 1922 belief sich also nur auf die Hälfte der allerdings besonders guten Ernte von 1913. Die Getreideumlage ist für die letzte Ernte auf die größeren Wirtschaften, die auf fremde Arbeitskräfte angewiesen sind, beschränkt. Sie sind es, die sonst die größten Überschüsse lieferten, sich nun aber in ihren Anstrengungen beeinträchtigt sehen. Immerhin ist mit der Möglichkeit zu rechnen, daß die Zahlen der Statistik, die ja auf Schätzungen beruht, niedriger erscheinen, als der Wirklichkeit entspricht. Besonders bedauerlich ist auch, daß die Zuckererzeugung, die einen hochstehenden Betrieb mit zahlreichen Arbeitskräften voraussetzt, sich dem Ertrage nach auf etwa zwei Drittel vermindert hat. Die Hauptursache der spärlichen Erträge ist ein Nachlassen in der Bearbeitung des Bodens, insbesondere mangels genügender Arbeitskräfte. Die Verwendung von Düngemitteln war schon für die letzte Ernte ergiebig. An Kali und Stickstoff wurde beträchtlich mehr als vor dem Kriege gebraucht. Doch wurde nur etwa die Hälfte an Phosphaten, die größtenteils vom Auslande bezogen werden müssen und teuer sind, auf den Acker gebracht. Im ganzen erscheint die künstliche Düngung demnach doch noch als beeinträchtigt.

Die Rindviehbestände sind wieder ungefähr die gleichen wie vor dem Kriege; doch sind Fleisch und Milcherträge erheblich geringer. Der Schweinebestand kann auf etwa drei Viertel des Friedensbestandes angenommen werden. Eine neue Zählung ist gerade im Gange. Doch ist gerade hier der Fleischausfall weit beträchtlicher, als der Minderung der Zahl entspricht. Schafe, die sich im Kriege wegen der Wollgewinnung erheblich vermehrten, gibt es noch immer in größerer Zahl. Sie passen zur extensiveren Betriebsweise. Die Viehzucht leidet noch immer unter der Verringerung der eigenen Ernten und unter dem Mangel an den so teuren ausländischen Futtermitteln, insbesondere die Schweinezucht unter dem Ausbleiben der russischen Gerste. Am nachteiligsten ist für die Bevölkerung die Verminderung der Milcherträge. Indes gerade auf Milch und Molkereierzeugnissen lastet der behördliche Preisdruck. Wegen der verhältnismäßigen Billigkeit der Milch ist auch die Landbevölkerung zu stärkerem Eigenverbrauch von Milch übergegangen, so in Bayern, wo am teuer gewordenen Bier gespart wird.

Alle landwirtschaftlichen Erzeugnisse sind jedenfalls erheblich billiger als die Industrieerzeugnisse. Was der Landmann für sich oder die Wirtschaft braucht, hat er verhältnismäßig teurer zu bezahlen als das, was er verkauft. Auch die fremden Arbeitskräfte erheben größere Ansprüche als vor dem Kriege, denn die Lage der Landarbeiter hat sich wesentlich gebessert. Die Not an Gesinde und unverheirateten Leuten aber ist größer geworden, da es an den billigen ausländischen Wanderarbeitern noch erheblich fehlt. Verheiratete Arbeiter finden mit ihren Familien sehr schwer Unterkunft. Die hohen Löhne der gewerblichen Arbeiter veranlassen mitunter selbst Bauernsöhne, fern vom Hofe Arbeit zu suchen. Es kommt noch ganz besonders hinzu, daß der landwirtschaftliche Besitz so gut wie ganz entlastet ist. Wenn auch die Hypotheken großenteils nicht zurückgezahlt sind, so ist infolge der Geldentwertung ihre Bedeutung doch sehr gering geworden. Für den Landwirt ist die Notwendigkeit, für die Verzinsung seiner Schulden Überschüsse zu erzielen, geschwunden. Auch er kann es sich entsprechend dem Zuge der Zeit leichter machen. Die Beschränkung der Arbeitsleistung der Arbeiterschaft mag ihm mitunter ein Beispiel geben. Höhere Anstrengung bringt nicht entsprechenden Gewinn. Es ist auch für die männliche wie weibliche landwirtschaftliche Bevölkerung vorteilhafter, mancherlei Zeit auf Hausarbeit oder gewerbliche Beschäftigung zu verwenden, als sich ausschließlich in der Landwirtschaft zu betätigen. Die Lebensführung zeigt mancherlei Aufwendungen, die früher nicht so leicht gemacht wurden.

Im ganzen wird man die Mindererzeugung der Landwirtschaft gegenüber dem Frieden auf drei bis vier Milliarden Goldmark schätzen dürfen.

XI. Entrechtung des Hausbesitzes.

Die Herstellung von Wohnungen hatte im Kriege allmählich ganz aufgehört, und gegen Ausgang des Krieges war eine erhebliche Knappheit entstanden. Es wurden Höchstmieten für die Wohnungen festgesetzt, und den Mietern konnte ohne Zustimmung von Wohnungsämtern nicht gekündigt werden. Die Verfügung über die Wohnungen ging schließlich ganz in die Hände der Wohnungsämter über. Der Hauseigentümer kann in sein eigenes Haus nicht ohne Genehmigung einziehen. Wieviel Räume jedermann zustehen, entscheidet das Wohnungsamt, und jedermann können Zwangsmieter aufgenötigt werden. Die Miete wurde infolge der Geldentwertung immer unzulänglicher. Es wurde gar nicht daran gedacht, dem Hausbesitzer eine der Geldentwertung entsprechende Steigerung seiner Einnahmen einzuräumen. Die Folge war Verwahrlosung der Häuser und immer schlimmere Lage der Hausbesitzer. Das Reichsmietengesetz, das nunmehr in Kraft getreten ist, sollte einige Abhilfe bringen. Aber auch dieses läßt dem Hausbesitzer grundsätzlich nur eine Papiermarkrente in der Höhe seiner früheren Goldmarkrente. Die Fiktion, daß die Papiermark der Goldmark gleichwertig sei, erfährt in dem Gesetz eine wohl letzte schlimme Anwendung. Die Erhöhung der Mieten soll nur die Steigerung der Instandhaltungs- und Betriebskosten decken. Aber mit Oktober 1922 trat abermals ein starker Marksturz ein, der alle bisherigen Berechnungen über den Haufen warf. Die Durchführung des Gesetzes ist jedenfalls höchst ungleich. Vielerorten, so z. B. in Berlin und vorwiegend in Preußen decken die Einnahmen des Hausbesitzes meist nicht seine Ausgaben. Daß die Ausgaben bis zum Vielfachen der Mieten reichen, ist nicht selten. In Süddeutschland ist man nicht ganz so rücksichtslos mit dem Hausbesitz verfahren.

Die Hausbesitzer bilden keinen eigentlichen Berufsstand. In kleinen Städten sind es meist besser gestellte Leute, die eine Mietswohnung abgeben können. Die alte Überlieferung, daß jeder wohlhabende Bürger sein eigenes Haus haben müsse, wirkt in kleineren Verhältnissen noch nach; und die Mietzinse sind oft recht mäßig gewesen. Zum großen Teil aber sind Miethäuser auch schon in kleineren Orten eine Erwerbsanlage des Mittelstandes geworden; und vollends gilt dieses für die großen Miethäuser an größeren Plätzen. Unter den Besitzern sind zahlreiche Personen, die auf die Einkünfte aus dem Hausbesitz ganz oder überwiegend angewiesen sind. Es sind viele Rentner darunter, Witwen und Waisen, denen Häuser gehören. Diese Kreise des Hausbesitzes sind oft aufs schwerste getroffen. Die Verbilligung der Mieten nimmt keine Rücksicht darauf, ob der Hausbesitzer oder der Mieter leistungsfähiger ist; und es ist keine Seltenheit, daß der Hausbesitzer darben muß, während der wohlhabende Mieter eine spottbillige Wohnung hat. Selbst das kommt vor, daß ehemals gutgestellte Hausbesitzer Armenunterstützung bekommen. Besonders muß es den Hausbesitzer erbittern, wenn der billig wohnende Mieter durch Untervermieten große Einnahmen erhält, was recht häufig ist. In vielen Fällen trifft es freilich zu, daß die Mieter höhere Mieten nicht zu tragen vermöchten; in den meisten aber nicht. Die Arbeiterschaft zahlte früher bis zu 20 oder selbst 25 v. H. ihres Einkommens als Miete. Heute ist es wohl selten mehr als 1 oder 2 v. H. Die Einkommensteuer des Arbeiters beträgt in der Regel 10 v. H. oder etwas mehr. Er spart an der Miete also nicht nur seine ganze Steuer, sondern hat auch noch einen erheblichen Vorteil darüber hinaus. Die eigentlich Zahlungsunfähigen gehören überwiegend dem nicht mehr voll erwerbstätigen Mittelstande, insbesondere der Rentnerschaft an. Es sind meist Personen, die ihr Vermögen infolge der Geldentwertung eingebüßt haben. Ihnen sollte anders und von Staats wegen geholfen werden. Die Mehrzahl der Mieter ist jedenfalls einigermaßen zahlungsfähig. Bei den Festbesoldeten und Arbeitern würde Mietserhöhung in die Gehälter und Löhne eingerechnet werden.

Jedenfalls ist es ungerecht, daß der Hausbesitz allein die ganze Last der Mietenverbilligung hat tragen müssen, und daß die Last den Leistungsschwachen gleich wie den Leistungsfähigen traf. Feiner veranlagte Naturen unter den Mietern empfinden es peinlich, als Unterstützungsempfänger ihres Hausbesitzers leben zu müssen. Zwar hat jedweder ein Recht hierauf, aber auch die Armenunterstützung wird kraft Rechtens empfangen. Es liegt ein wirtschaftlicher und moralischer Notstand vor. Wünschenswert wäre, daß moralische Kräfte den Hauptantrieb zur Besserung gäben. In den Mietervereinen, in denen radikale Gruppen die Führung haben, merkt man freilich wenig davon.

Durch die Zwangsregelung des Wohnungswesens sind Freizügigkeit der Bevölkerung und Gewerbefreiheit praktisch aufgehoben oder doch stark eingeschränkt. Ungeheure Kräfte sind dadurch lahmgelegt. Wer aus der Wirtschaftsgeschichte weiß, was Freizügigkeit und Gewerbefreiheit für die Entwicklung des Wirtschaftslebens gerade auch bei uns in Deutschland bedeutet haben, wird die Folgen ihrer Beseitigung von vorn herein schwer einzuschätzen geneigt sein. Jedenfalls müssen Hunderttausende feiern und Millionen können nicht an den rechten Ort ihrer Tätigkeit gelangen. Familienväter, selbst Ledige können ihren Arbeitsort nicht wechseln. Das Fortkommen tüchtiger Arbeiter ist erschwert und ebenso die Ausscheidung der Untüchtigen, Unlustigen oder sonst Ungeeigneten. Die Hebung der Arbeitsleistung ist wesentlich eine Frage der Wiederherstellung der Freizügigkeit der Bevölkerung. Das gilt nicht nur für die Industrie, sondern ebenso für die Landwirtschaft. Zurzeit würden sich gerade Familien in größerer Zahl gerne der Landarbeit widmen; die leichtere Ernährung zieht sie an. Familien sind in der landwirtschaftlichen Arbeit meist auch erwünscht, weil sie mehrere und zumeist zuverlässige Arbeitskräfte stellen. Ihre Unterbringung ist aber gerade auf dem Lande meist nicht möglich. Auch die Steigerung der landwirtschaftlichen Erzeugung ist nicht zum wenigsten eine Wohnungsfrage. In den Städten sind Geschäftsgründungen heute sehr erschwert, weil sich nicht die nötigen Fabrik- oder Büroräume finden lassen. Ausdehnungsfähige Betriebe können sich nicht erweitern, während solche, die nichts zu tun haben, über einen Überfluß an Räumen verfügen. Läden können in der Regel nicht mehr aufgetan werden, wiewohl es wünschenswert wäre, wenn manches kleine Geschäft, das überflüssig geworden ist, einginge. Daß die Kartelle heute eine ganz andere Macht haben, daß wir in Deutschland überwiegend Monopolpreise haben, beruht darauf, daß Wettbewerbe sich nicht leicht auftun können. Selbst Ladengeschäfte, wie Bäcker, Fleischer, haben zum guten Teil Preisvereinbarungen untereinander.

Die Verbilligung der Mieten wirkt übrigens in anderer Richtung preissteigernd. Die an den Mieten ersparte Kaufkraft wendet sich anderen Gegenständen zu; in der Regel werden es Lebensmittel sein. Die Kaufkraft der Hausbesitzer ist zwar geschwächt, aber die wenigen Hausbesitzer vermögen ihren Bedarf an Lebensmitteln nicht in dem Maße einzuschränken, wie die zahlreichen Mieter ihn auszudehnen geneigt sein werden. Eine Folge hiervon ist eine

Verschärfung der Nachfrage nach Lebensmitteln und eine Minderung nach sonstigen Bedürfnissen eines besseren Mittelstandes. Der gesamte Preisstand jedenfalls wird nicht geändert, da er sich nach dem Mengenverhältnis der Gütererzeugung und der Zahlungsmittel und sonstigen Zahlungsmöglichkeiten zueinander bestimmt. Nur eine Verschiebung, und zwar hauptsächlich im Sinne der Steigerung der Lebensmittelpreise findet statt. Diese würde für die Landwirtschaft vorteilhaft sein, wenn sie nicht unter Preisdruck stünde. Unter den gegenwärtigen Verhältnissen muß sie hauptsächlich zu verstärkten Einfuhren aus dem Ausland und damit zu einer Verschlechterung der Zahlungsbilanz führen, die auch die sonstigen Preise hochtreiben kann. Der Miethausbau wird infolge der Behandlung des Hausbesitzes auf lange Zeit leiden. Der Hausbesitz galt bisher als eine besonders sichere Anlage des Vermögens. Diese Meinung ist bis auf weiteres erschüttert. Infolge davon wird eine erhöhte Verzinsung notwendig sein, um die nötigen Kapitalien für die Anlage im Hausbesitz anzulocken. Darunter werden die Mieten der Zukunft leiden. Andererseits ist aber der Bau von Miethäusern für eine stark bewegliche und gewerbliche Bevölkerung unentbehrlich. Gemeinnützige Bauten haben immer nur ganz geringe Bruchteile des Wohnungsbedürfnisses gedeckt. Das wird in Zukunft nicht anders sein. Wo wollen die Gemeinden in den nächsten Jahren die Mittel hernehmen, um die nötigen Wohnungen zu beschaffen? Ganz unsicher ist, wieviel und welcherlei Wohnräume wir eigentlich nötig haben. Infolge unserer geringen Einkünfte werden wir uns auch im Wohnraum beschränken müssen. Es mag sein, daß an manchen Orten, wo jetzt Wohnungsnot herrscht, sich Überfluß an Wohnräumen herausstellt, wenn die Bevölkerung genötigt ist, ihrem Einkommen entsprechend zusammenzurücken. Wahrscheinlich ist, daß nicht so sehr Neubauten als Umbauten am Platze sein werden. Wir haben zu viel größere und wahrscheinlich zu wenig kleinere Wohnungen. Sicherlich sind mehr Einfamilienhäuser vorhanden, als wir uns in Zukunft leisten können. Gerade dieser Bautyp aber ist oft genug in höchst mangelhafter Ausführung durch öffentliche Zuwendungen gefördert worden. Nur eine freie Entwicklung kann hier die richtige Ausgleichung vollziehen. Bedenkt man, daß die Ersparnisse der Massen an der Miete durch hohe Ausgaben für Lebensmittel zum Teil wieder verloren gehen, und zwar ohne daß die Landwirtschaft entsprechenden Vorteil hiervon hätte, während die Lebensmitteleinfuhr unsere Zahlungsbilanz beschwert, daß anderseits und vor allem die wirtschaftliche Tätigkeit in größtem Umfange behindert wird und alle Einkommen, nicht zum wenigsten die Löhne dadurch außerordentlich leiden und daß der Kapitalschwund begünstigt, daß ferner der Eingang von Steuern vom Hausbesitz verringert wird und endlich der Ausverkauf von Häusern an das Ausland zu Spottpreisen unser Volksvermögen in steigendem Maße mindert, so darf man die Beschränkung in der Verwertung des Hausbesitzes zurzeit als die schädlichste Maßnahme unserer Verbilligungspolitik ansehen. Auch ethische Nachteile sind mit der Wohnungszwangswirtschaft in übergroßem Maße verbunden. Der Hausbesitz fühlt sich vergewaltigt. Mancher Besitzer hat den Glauben an die Gerechtigkeit des neuen Staates verloren. Die Mieter aber sehen die Verwahrlosung des Hauses und sind über den Hausbesitzer, der nichts machen läßt, aufgebracht. Manche glauben noch, daß der Hauswirt großen Gewinn einstreiche. Ausländer finden gerade unsere Zustände im Hausbesitz schauderhaft und haben sie als Beweis des beginnenden Bolschewismus angesehen. Dieses ist nicht ganz unrichtig, denn eine andere grundsätzliche Rechtfertigung als die kommunistische Lehre läßt sich für die heutigen Zustände im Hauseigentum überhaupt nicht finden. Denn das Eigentum wird überall so gut wie entschädigungslos vorenthalten und in vielen Fällen muß der Hausbesitzer noch zuzahlen, um sich seinen Eigentumstitel zu wahren. Aber wenn er es nicht kann, wenn er das Haus hergeben muß, um leben zu können? Dann löst er für größere Miethäuser vielleicht 2 bis 4 v. H. des Goldwertes. Vor den Augen der Steuerbehörde aber ist der Unterschied zwischen dem, was er in Gold zahlte, und dem was er nunmehr in Papier erhält, ein mächtiger Wertzuwachs. Davon zahlt er eine erklekliche Wertzuwachssteuer, die örtlich verschieden ist, aber in äußersten Fällen bis zu 50 v. H. reicht. Die Andichtung eines Gewinnes ist der Spott, der dem Geschundenen nachgerufen wird, während er aus dem Hause fliegt. Hat er an einen Ausländer verkauft, so trifft ihn noch der Makel des mangelnden Patriotismus.

XII. Steuerdruck und Kapitalflucht.

Angesichts seiner schweren Lasten durfte Deutschland nicht zögern, die Steuerschraube auf das schärfste anzuziehen. Das Reich übernahm die Besteuerung der Einkommen und Vermögen, die bisher grundsätzlich den Einzelstaaten gebührt hatte. Die direkten Steuern wurden scharf angespannt. Des weiteren schuf das Reich die Kohlen- und bildete die Umsatzsteuer nebst der besonderen Luxussteuer als indirekte Steuern aus. Durch die Kohlensteuer ist fast alle Erzeugung, durch die Umsatzsteuer der Weg des Erzeugnisses bis zum Verbraucher vielfältig getroffen, während die hinzutretende Luxussteuer nur einmal erhoben wird.

Die Schäden eines so schweren Steuerdruckes sind zuerst bei der direkten Besteuerung zutage getreten; geht doch die Einkommensteuer bis zu 60 v. H. und die Erbschaftssteuer sogar bis zu 80 v. H. in der Staffelung der Steuersätze. Die Vermögenssteuer reicht mit Zuschlag bis zu 30 v. T. oder 3 v. H. Das Einkommen aus Kapital ist am schlimmsten in Anspruch genommen. Betrachten wir, was von dem Ertrag einer Aktie alles abgeht, ehe der Besitzer zum Genuß gelangt. Die Aktiengesellschaft muß aus ihrem Gewinn zunächst Gewerbesteuer zahlen. Diese erheben vornehmlich die Gemeinden. Nehmen wir an, auf eine Aktie von 1000 Mark entfällt ein sehr ansehnlicher Rohgewinn von 200 Mark. Davon gehen vielleicht 10 Mark an Gewerbesteuer ab, bleiben 190 Mark. Von diesen sind 20 v. H. Körperschaftssteuer zu entrichten. Es ist dieses die besondere Einkommensteuer, die jede auf Erwerb gerichtete Aktien- oder ähnliche Gesellschaft zu zahlen hat. Es bleiben 152 Mark; davon gehen 10 v. H. als Kapitalertragssteuer, die von der Dividende abgezogen wird, ab. So kommen etwa 137 Mark in die Hände des Aktionärs. Ist dieser ein Mann in mittleren Verhältnissen, so zahlt er vielleicht auf die Aktie 5 Mark Vermögenssteuer, so daß ihm 132 Mark verbleiben, wenn nun nicht die Einkommensteuer ihn auf 100 Mark beschnitte. Statt einer glänzenden Verzinsung von 20 v. H. sind dem Aktionär nur 10 v. H. geblieben. Erschwert wird diese Steuerrechnung noch dadurch, daß das Einkommen aus gewerblicher Tätigkeit vielfach nur Scheineinkommen ist, indem der erzielte Gewinn lediglich auf einer Vermögensvermehrung durch die Geldentwertung beruht. In solchem Falle wird gar kein Einkommen, sondern die Substanz des Vermögens selbst betroffen.

Ist es nicht klar, daß das Kapital eines Landes versuchen wird, abzuwandern, wenn seine Aussichten so gering sind? Oder wird es nicht versuchen, seine Gewinne zu verstecken? Das Kapitalfluchtgesetz verbietet die heimliche Verbringung von Wertpapieren und Zahlungsmitteln ins Ausland. Andere Werte sind der Ausfuhrüberwachung unterworfen. Indes die Kapitalabwanderung läßt sich nicht unbedingt verhindern. Sie kann nur erschwert werden. Es kommt nicht so sehr darauf an, daß die Grenzen nicht vollkommen zuverlässig abgeschlossen werden können. Die Wege von Handel und Wandel bieten genug Möglichkeiten, Werte ins Ausland zu überführen. Bis zum Erlaß der Devisenverordnung, die den Erwerb von Devisen und fremden Noten, vor allem durch das Privatpublikum zu hindern sucht, konnte jedermann sein Geld hierin anlegen. Von dieser Möglichkeit wurde reichlich Gebrauch gemacht. Es wurden nicht bloß Devisen, sondern auch viel fremde Noten, d. h. Papiergeld gekauft, wiewohl letztere keinerlei Zinsen bringen. Jetzt ist es offen nicht mehr möglich, aber ein befreundeter Kaufmann, jeder Ausländer kann aushelfen. Auch hat sich ein versteckter Notenhandel ausgebildet. Hierbei wird das Publikum leicht durch gefälschte Noten geschädigt. Der reine Kapitalist, d. h. wer sein Geld ausleiht und nicht selbst Unternehmer ist, hat sich mehr und mehr daran gewöhnt, den inländischen Werten den Rücken zu kehren. Unsere eigenen Aktien stehen zum Teil infolge hiervon auf einem erschreckend niedrigen Kurs. Eine Aktie der Deutschen Bank oder der A. E. G. (Allg. Elektrizitätsgesellschaft) über ehemals 1000 Goldmark ist zurzeit (November 1922) für noch nicht 10 Dollar zu haben. Schon ist das Ausland dabei, sich große Aktienbeträge zu solchem Spottpreise anzueignen. Dagegen ist es im Inlande heute beinahe eine kleine Wissenschaft geworden, wie man sich ausländische Werte verschaffen oder bei Besitz von inländischen wenigstens die Einkommens- und Vermögenssteuer sparen kann. Größere Kapitalvermögen sind ohne solche Kenntnisse kaum zu wahren oder zu erwerben. Und doch hat jede Wirtschaft Großkapitalisten und Kapitalmagnaten nötig. Sie sind als Führer und Beeinflusser des Wirtschaftslebens von Bedeutung und erfüllen auch manche Kulturaufgaben. Deutschland hat ihrer weniger als England und Amerika. Es kommt bereits vor, daß bedeutende Unternehmungen ihren Sitz ins Ausland verlegen, um dort ihre Geschäftsgewinne entstehen zu lassen. Das hindert nicht, daß sie im Inlande gewerbliche Betriebe besitzen. Auch der Erwerb inländischer Unternehmungen durch ausländische Gesellschaften häuft sich. In welcher Weise die Belange der bisherigen Besitzer dabei gewahrt sind, läßt sich nicht leicht durchschauen. Ferner besteht die Möglichkeit, daß deutsche Unternehmungen Zweigniederlassungen im Auslande besitzen. Die Begründung solcher ausländischer Zweigniederlassungen nimmt gleichfalls zu. Alle diese Verfahren, bei denen auswärtige Bankhäuser die Hand im Spiele haben, sind immer noch einigermaßen offen. Durch geschäftliche Beteiligung, Interessenaustausch oder durch Geschäftseröffnungen zu treuen Händen wird für die Regel jeder Einblick ausgeschlossen. Daß mancherlei Gewinne in den Büchern nicht erscheinen dürfen, ist klar, und daß gerade kleine Unternehmungen, zumal solche, bei denen der Chef den wichtigsten Teil der Buchhaltung selbst besorgt, weite Möglichkeiten haben, ist zu verstehen.

Die Erträge der direkten Steuern werden dadurch unbefriedigend; vielleicht wären sie höher, wenn die Sätze der Einkommensteuer nicht über 30 v. H., die der Erbschaftssteuer nicht über 40 v. H. hinausgingen. Auf die Dauer wird jedenfalls eine starke Herabsetzung der Höchstgrenzen nicht zu vermeiden sein. Die Hoffnung, daß diese Dinge sich ändern werden, hält viele allein noch von entscheidenden Maßnahmen ab, die sich aber häufen werden, je länger sie enttäuscht wird, und je enger wieder die Beziehungen mit dem Auslande werden. Nur durch Gesundung der Wirtschaft können die direkten Steuern ergiebiger werden, nicht durch ihre Überspannung.

Die Kohlensteuer, die die Kohle bis 40 v. H. ihres Wertes für das Reich besteuert, wird in normalen Zeiten sich voraussichtlich als unhaltbar erweisen, denn sie verteuert alle Erzeugnisse schon am Ursprung. Alle Güter treten vorbelastet in den wirtschaftlichen Werdegang ein, während eine Steuer dann am leichtesten getragen werden kann, wenn sie erst möglichst nahe dem Übergang der Ware in den Verbrauch eingezogen wird. Nicht bloß, daß alle Erzeugung für das Inland verteuert wird, auch der Wettbewerb mit dem Auslande wird erschwert. So lange die Kohlenpreise unter den Auswirkungen der Geldentwertung unter den Weltmarktpreisen bleiben, sind sie erträglich. Wird der Kohlenbergbau genötigt, zu gleichen Bedingungen, insbesondere bei gleichen Preisen für den Lebensunterhalt seiner Arbeiterschaft auf dem Weltmarkt und im Inland den Wettbewerb zu bestehen, so wird auch die Kohlensteuer zum größten Teil fallen müssen. Nicht bloß die Kohlensteuer, auch die Umsatzsteuer bedeutet eine allgemeine Belastung von Erzeugung und Verbrauch und wirkt damit stark verteuernd. Auch sie wird große Schwierigkeiten bereiten, sobald die inneren Preise mit den Weltmarktpreisen ausgeglichen sind. Für die breiten Massen der Bevölkerung ist besonders unerwünscht, daß sie auch allen Umsatz an Lebensmitteln trifft und dadurch die Lebenshaltung der städtischen und besonders großstädtischen Arbeiterschaft um so mehr erschwert, je weiter der Weg vom Erzeuger bis zum Verbraucher ist. Die Umsatzsteuer wird besonders stark hinterzogen; bei Geschäften ohne Angestellte ist sie nahezu Vertrauenssache. Das neue Steuersystem des Reiches erscheint für die Zukunft nicht sehr gefestigt.

XIII. Deutschlands Zahlungsfähigkeit.

Zahlungen können auf die Dauer nur aus den Überschüssen der Wirtschaft geleistet werden. Wird aus dem Vermögen gezahlt, so verarmt die Volkswirtschaft und wird noch zahlungsunfähiger. Die Zahlungsfähigkeit hängt mehr von der Leistungsfähigkeit als von der Größe des Vermögens ab. Immerhin sei zum Vergleich angemerkt, daß das deutsche Volksvermögen vor dem Kriege auf etwa 310 Milliarden geschätzt wurde. Die Leistungsfähigkeit drückt sich in der Höhe des Volkseinkommens aus, das vor dem Kriege auf 40 Milliarden angenommen wurde.

Deutschland hat eine bedeutende Industrie und eine hochstehende Landwirtschaft. Indes reicht die landwirtschaftliche Erzeugung nicht aus, die Bevölkerung zu ernähren. Aufgabe der Landwirtschaft ist es, vor allem Brot und Fleisch zu liefern. Wenn sie dieser Forderung vor dem Kriege zum größten Teil gerecht wurde, so vermochte sie es doch nur mit Hilfe eines starken Bezuges fremder Düngemittel für den Anbau und großer Futtermittelzufuhren für das Vieh. Der Bedarf an Düngemitteln und Futtermitteln stieg ständig, und damit wuchs auch unsere Abhängigkeit vom Auslande. Es kann garnicht hoch genug angeschlagen werden, daß wir nunmehr in die Lage gekommen sind, künstlichen Stickstoff im großen Umfange im Lande selbst zu erzeugen, und daß wir hoffen dürfen, hierin vom Auslande bald ganz unabhängig zu sein. Da wir auch Kali selbst besitzen, so werden wir in Zukunft nur noch Phosphate, deren Bedeutung dem Werte nach hinter den beiden anderen Düngemitteln zurücksteht, in der Hauptsache vom Auslande beziehen müssen. Die Futtermittel, die wir vom Auslande bekamen, waren hauptsächlich Gerste, Mais und Ölkuchen.

Dafür zahlte Deutschland mit immer größeren Ausfuhren in Industrieerzeugnissen. Aber auch in der gewerblichen Erzeugung sind wir ebensowenig unabhängig wie in derjenigen der Landwirtschaft. Unentbehrliche Rohstoffe, wie Baumwolle und Wolle, auch Seide und Flachs, d. h. so gut wie alle Rohstoffe der Textilindustrie, dann fast alles Kupfer, das wichtigste Metall namentlich für die elektro-technische Industrie, und bedeutende Massen Eisenerz müssen wir einführen. Auch Leder und Kautschuk seien von Rohstoffen ihrer Wichtigkeit wegen erwähnt. Glücklicherweise sind wir wenigstens mit Kohlen reichlich versehen und haben einigermaßen Holz in unseren Wäldern. Leider sind unserer Eisenindustrie unsere wichtigsten Erze, die lothringische Minetteerze, durch die Abtretung Elsaß-Lothringens verloren gegangen. Im ganzen ist klar, daß sich unsere Industrie ohne die fremden Rohstoffe nicht annähernd behaupten kann.

Im Jahre 1913 betrug unsere Gesamteinfuhr im Spezialhandel 10,8 Milliarden Mark. Davon waren 46 v. H., also fast die Hälfte, Rohstoffe; 26 v. H., also fast ein Viertel, waren Nahrungs- und Genußmittel. In der Ausfuhr, die sich auf 10,1 Millionen Mark belief, bezahlten wir hauptsächlich mit fertigen Industriewaren, die 63 v. H. der Ausfuhr ausmachten. Unsere Ausfuhr war also kleiner als die Einfuhr. Wir hatten eine passive Handelsbilanz. Aber den Unterschied brachten unsere Schiffahrt, unsere Unternehmungen im Ausland und unser Besitz an ausländischen Wertpapieren reichlich ein, wie daraus erhellt, daß unser in Auslandsunternehmungen und fremden Wertpapieren angelegter Besitz ständig wuchs.

Der Krieg hat uns in eine wesentlich ungünstigere Lage gebracht. Zunächst ist unsere landwirtschaftliche Ernährungsbasis durch den Verlust der fast rein agrarischen Gebiete von Posen und Westpreußen sehr verringert worden. Das versetzt uns in die Notwendigkeit, den vorhandenen Boden stärker zu nutzen. Geschehen ist bisher das Gegenteil. Die Landwirtschaft ist extensiver geworden und beschäftigt weniger Leute als vor dem Kriege. Vor dem Kriege haben wir die landwirtschaftlichen Preise durch Zölle gehoben. Jetzt glauben wir sie drücken zu dürfen. Brotgetreide und Fleisch sind unsere wichtigsten Einfuhrwaren geworden und belasten unsere Zahlungsbilanz mehr als alle anderen Einfuhrwaren. Zur Brotgetreideeinfuhr hat der Staat bis zum Vorjahr noch Zuschüsse gegeben. Jetzt tut er es nicht mehr, aber indem er der Reichsgetreidestelle große Kredite einräumt, an denen er durch die Geldentwertung verliert, ist die Last für die Staatsfinanzen noch immer erheblich. Um so größer müßte unsere Ausfuhr sein, um den ganzen Fehlbetrag an Nahrungsmitteln decken zu können. Die Werte der Ein- und Ausfuhr sind bei den Schwankungen des Geldwertes heute schwer zu berechnen. Nach den verbesserten Berechnungen des Statistischen Reichsamtes hat in der Zeit vom 1. Mai 1921 bis 30. April 1922 die Passivität des deutschen Außenhandels 1,9 Goldmilliarden ausgemacht. Die ganze Ausfuhr belief sich nur auf knapp ein Drittel der Vorkriegszeit. In den letzten Monaten ist sie ein wenig darüber gestiegen. Trotz der Verluste, die Deutschland bei der Ausfuhr hat, indem es unter den volkswirtschaftlichen Kosten Waren abgibt, ist es weit davon entfernt, die Welt wieder erobert zu haben. Der Weltmarkt ist zerrüttet. Kein Land ist heute so aufnahmefähig wie vor dem Kriege. Unser Land, das so besonders auf den Absatz seiner gewerblichen Erzeugnisse nach dem Auslande angewiesen ist, würde unter den gegenwärtigen Zeitverhältnissen auch dann schwer leiden, wenn es sonst keine Lasten zu tragen hätte. Das zeigt sich auch in den schwierigen Verhältnissen Englands, das noch mehr als Deutschland auf den Weltverkehr angewiesen ist. Dem deutschen Handel sind schwere Hindernisse bereitet. Unsere Handelsniederlassungen im Auslande sind aufgelöst, die Verbindungen abgebrochen. Die deutsche Handelsflotte ist ausgeliefert und kann erst allmählich wieder aufgebaut werden. Daß wir das mit Nachdruck betreiben, sollte uns nicht vorgeworfen werden. Es zeigt nur, daß wir uns anstrengen, die wichtigsten Vorbedingungen für unsere Zahlungsfähigkeit zu schaffen. Ferner genießt Deutschland bis jetzt keine handelspolitische Gleichberechtigung, wie sie ihm nach den Wilsonschen 14 Punkten zugebilligt war. Nach dieser Sachlage ist klar, daß Deutschland nicht so bald in die Lage kommen konnte, aus Überschüssen zu zahlen, und daß es sein Vermögen angreifen mußte.

Bis zum 1. Juni 1922 haben wir nach amtlicher Berechnung 38 Milliarden Goldmark aufgebracht. Auf Sach- und Barleistungen kommen aber nur 18,5 Milliarden, während es sich im übrigen in Höhe von 11,7 Milliarden um liquidiertes deutsches Auslandseigentum handelt. 7 Milliarden beträgt der Verlust der deutschen Ansprüche an unsere Kriegsverbündeten; und mit 1,04 Milliarden werden die Besatzungskosten und Auslands- und Kolonialschäden beziffert. Bis November 1922 haben sich unsere Gesamtleistungen auf 41 Milliarden Goldmark erhöht. Diese Leistungen sind, soweit es sich nicht um Verluste von Vermögenswerten handelt, sondern Zahlungen aus der Reichskasse notwendig waren, in der Hauptsache durch die Notenpresse finanziert worden.

Durch die Notenpresse wurden seit dem Waffenstillstand bis November 1922 etwa 560 Milliarden Papiergeld geschaffen. Rechnet man die Noten nur zum Dollarkurse, so wurden dafür 11 Milliarden Goldmark gelöst. Doch hat das Reich im Inland wesentlich höhere Werte erzielt. Wenig ins Gewicht fällt, daß nicht alle Noten für den Bedarf des Reiches und seiner Glieder ausgegeben worden sind. Inland und Ausland haben Milliarden an deutschem Papiergeld verloren. Seit dem Herbst dieses Jahres stößt das Ausland seine Papiergeldbeträge in größtem Umfange ab. Es nimmt keine neue Mark mehr auf. Die Finanzierung auf Kosten ausländischer Gläubiger versagt gänzlich. Das Inland hat jedenfalls die bei weitem größeren Verluste an Papiergeld zu tragen gehabt. Doch noch größer sind die Schäden, die das Papiergeld mittelbar durch die Vermögensverschiebungen verursacht hat, die als Folge der Geldentwertung eintraten. Die deutsche Wirtschaft verfiel dem Kapitalschwund. Kapital- und Kreditnot wurden immer größer. Der Verkauf deutscher Wertpapiere und Grundstücke ans Ausland wirkt zwar günstig auf die Zahlungsbilanz, belastet aber die Zukunft in schlimmem Maße. Die Rohstoffnot hat zugenommen und alle Warenvorräte sind geringer geworden. Die Arbeitsmöglichkeiten verringern sich in erkennbarer Weise.

Weitere Schwächung muß zum Zerfall des Staates führen. Dieser tritt ein, sobald es dem Staate nicht mehr möglich ist, die Mittel zur Erhaltung des Staatsorganismus zu beschaffen. Die Gefahr ist bereits ganz nahe. Trotz beschleunigter Geschwindigkeit erbringt die Notenpresse immer weniger und ihre Arbeit wird nicht mehr genügen, den öffentlichen Haushalt auch nur noch ein Jahr lang aufrecht zu erhalten. Je geringer der Erfolg der Papiergeldausgabe, desto schlimmer aber werden die Schäden, die sie hervorruft. Der völlige Verderb der Währung droht zu äußerster Lähmung der Wirtschaft, zur Erschütterung der öffentlichen Sicherheit und zu politischen Unruhen im Laufe der nächsten Monate zu führen, wenn keine Abhilfe kommt. Deutschland ist völlig zahlungsunfähig und der Stützung bedürftig.

XIV. Befestigung der Mark.

Der Wert des Papiergeldes drückt sich in der Kaufkraft aus, die es im eigenen Land besitzt; das ist sein Binnenwert. Wenn heute so und so viel Waren verschiedener Art für einen Markbetrag gekauft werden können und später nur halb so viel, so ist der Binnenwert auf die Hälfte gesunken. Der Binnenwert wird in seiner Höhe festgehalten, wenn die Menge der Zahlungsmittel und der sonstigen Zahlungsmöglichkeiten nicht über das Verkehrsbedürfnis hinaus vermehrt oder vermindert wird. Der Staat muß also die Tätigkeit der Notenpresse einstellen, um den Markwert nicht weiter zu senken. Die Aufblähung des Geldumlaufes muß aufhören. Will er den Wert erhöhen, so muß er den Geldumlauf durch Einziehen von Noten versteifen. Der Staat läßt indes die Notenpresse nicht mutwillig laufen, sondern weil ihn die Not dazu zwingt. Solange seine Ausgaben die Einnahmen übersteigen und es ihm nicht möglich ist, durch Kredit das Fehlende zu ergänzen, so lange bleibt ihm nur die Notenpresse als letzte Zuflucht übrig. Wir müssen also unsere Finanzen in Ordnung bringen, um die Notenpresse stillegen zu können und damit den Wert der Mark im Inneren zu befestigen.

Aber auch der Außenwert der Mark ist von Bedeutung. Auch er hängt zunächst von der Kaufkraft des Geldes ab. Der Wert der Mark aber ist im Auslande weit geringer als ihrem Binnenwerte entspricht, weil das Angebot an Mark hauptsächlich infolge unserer übermäßigen Wiedergutmachungsleistungen zu groß war. Um die Devisenkurse ins Gleichgewicht bringen zu können, muß auch die Zahlungsbilanz in Ordnung kommen. Von dem Verhältnis der jeweilig zwischen zwei Ländern fällig werdenden Zahlungen hängt der Devisenkurs ab. Hat Deutschland mehr an Amerika zu zahlen als Amerika an Deutschland, so wird der Dollar knapp und steht deshalb hoch im Kurse. Das Kernstück jeder Zahlungsbilanz aber bildet in normalen Zeiten die Handelsbilanz. Die hinüber und herüber zu leistenden Zahlungen hängen in erster Linie vom Werte der Waren ab, die ein- und ausgehen. Die deutsche Zahlungsbilanz aber wird durch Wiedergutmachungsleistungen schwer belastet, für die wir keine Gegenleistungen erhalten. Kommt die Zahlungsbilanz nicht in Ordnung, so steigen die Wiedergutmachungsleistungen immer weiter, denn sie sind in Goldmark bemessen; und je stärker sich die Mark gegenüber dem goldwerten Dollar entwertet, desto mehr Mark müssen aufgebracht werden, um sie zu begleichen. Andererseits aber steigern ungünstige Devisenkurse alle Einfuhrwaren im Preise. Deutschland jedoch hat eine große Einfuhr unumgänglich nötig. Wir brauchen sie, weil unsere Industrie auf ausländische Rohstoffe und unsere Bevölkerung auf Lebensmittelzufuhren mehr als früher angewiesen ist. Dadurch wird die Lebenshaltung im Inneren verteuert und der Staat kann nicht umhin, seinen Beamten und Arbeitern höhere Löhne zu zahlen, und auch alles, was er kauft, was z. B. die Eisenbahn braucht, wird teurer. So nötigt eine ungünstige Zahlungsbilanz den Staat zu erhöhten Ausgaben und erschwert ihm, seine Finanzen in Ordnung zu bringen. Gleichzeitig drückt sie durch die Teuerung, die von den Auslandswaren ausgeht, auf die ganze Bevölkerung — ein Druck, der unerträglich werden und Unruhen veranlassen kann, wenn er nicht gemildert wird.

Die Zahlungsbilanz ins Gleichgewicht zu bringen, wird voraussichtlich eine größere und schwierigere Aufgabe sein, als den Staatshaushalt zu ordnen. Beides greift ineinander. Weshalb eine ungünstige Zahlungsbilanz den Staatshaushalt erschüttert, haben wir bereits ausgeführt. Wir erleben es gerade in diesen Tagen aufs schlimmste. Die nach älteren Sätzen gewonnenen Steuereingänge, Zölle usw. machen zurzeit nur noch einen Bruchteil der inzwischen schon wieder gesteigerten Ausgaben, z. B. der Beamtenbesoldungen aus. Im übrigen müssen neue Schulden gemacht werden. Andererseits verschlechtert ein ungeordneter Staatshaushalt auch die Zahlungsbilanz. Denn indem der Staat neue Noten ausgibt, schafft er zusätzliche Kaufkraft, womit Waren aus dem Ausland bezogen werden können, die unsere Zahlungsbilanz belasten, oder mehr Inlandswaren bezahlt werden können, die sonst ins Ausland hätten gehen können und unsere Zahlungsbilanz entlastet haben würden. So entsteht ein fehlerhafter Kreislauf, indem der Staatshaushalt die Zahlungsbilanz, und die Zahlungsbilanz den Staatshaushalt verdirbt. Um die Zahlungsbilanz zu verbessern, müssen wir unsere Ausfuhr steigern oder unsere Einfuhr zu verringern suchen. Beides ist nur durch Steigerung unserer inländischen Erzeugung möglich. Die Ausfuhr können wir hauptsächlich durch Steigerung unserer gewerblichen Tätigkeit heben, die Einfuhr durch Steigerung unserer landwirtschaftlichen Erzeugung mindern. Keine anderen Mittel bringen uns auf die Dauer ans Ziel. Kredite nutzen nur vorübergehend, denn sie müssen einmal zurückgezahlt werden. Ausverkäufe an Häusern, Aktien oder sonstigen Wertpapieren setzen sich in Rentenbezüge des Auslandes um und belasten damit die Zukunft. Indem Deutschland durch den Vertrag von Versailles einen wesentlichen Teil seiner Hilfsquellen verloren hat, an Gebiet verringert ist und unter dem Druck übermäßiger Wiedergutmachungsleistungen und infolge einer kurzsichtigen Wirtschaftspolitik verarmt ist, wird es ungeheurer Kraftanstrengungen bedürfen, um die starke Bevölkerung auch nur leidlich durchzubringen. Auf jeden Fall bedarf die Herstellung einer günstigen Zahlungsbilanz einer gewissen Zeit. Aber die Zahlungsbilanz soll ja derartig aktiv werden, daß sie auch noch Wiedergutmachungsleistungen zu tragen vermag. Vorläufig ist die Zahlungsbilanz auch ohne die Wiedergutmachungsleistungen noch passiv.

Für eine Spanne von Jahren, bis die deutsche Wirtschaft Überschüsse ins Ausland abzugeben vermag, muß also eine Stundung der Wiedergutmachungsleistungen erfolgen. Frankreich aber ist auf unsere Zahlungen angewiesen, denn es hat ungeheure Schulden aus dem Kriege übernommen, von denen die deutschen Verpflichtungen, selbst wenn sie in voller Höhe des Londoner Zahlungsplanes erfüllt werden könnten, nur den kleineren Teil ausgleichen würden. Anfang November 1922 beliefen sich Frankreichs Schulden nach einer Berechnung des Senators Beranger auf 475 Milliarden Papierfranken, denen Forderungen in Höhe von 139 Milliarden gegenüberstanden. Von letzteren machten die Forderungen an Deutschland 124 Milliarden Papierfranken aus. Eine Stundung wird von Frankreich kaum anders zu erlangen sein, als wenn eine Anleihe geschaffen wird, aus der Frankreich Ersatz für die ausfallenden deutschen Zahlungen gewährt wird. Einer Anleihe bedürfen wir aber auch selbst. Weder der Staatshaushalt noch die Zahlungsbilanz sind von heute auf morgen durch noch so einschneidende Maßnahmen der Regierung in Ordnung zu bringen. Es muß ein Kredit als Sicherung eingeschaltet werden, der den unheilvollen Kreislauf unterbricht, in welchem die Zahlungsbilanz den Staatshaushalt und der Staatshaushalt die Zahlungsbilanz und beide die Mark verderben.

Das wird der Währungshort sein. Ein solcher Kapitalstock braucht nicht in Gold oder barem Geld zu bestehen; er kann in Devisen angelegt sein, oder es brauchen auch nur entsprechende Kredite bei ausländischen Banken zugesichert werden. Die Währungsrücklage dient zunächst dazu, die Inanspruchnahme der Notenpresse unnötig zu machen. Braucht der Staat Mittel, so verkauft er Devisen aus seinen Beständen. Damit stützt er zugleich die Devisenkurse, und das ist die zweite Aufgabe. Die Devisenkurse müssen auf einen bestimmten Stand gebracht werden. Zu diesem Zwecke werden Devisen abgegeben, wenn ihr Kurs zu hoch steht. Aber es müssen auch Devisen angeschafft werden, damit sie nicht zu weit heruntergehen oder, anders ausgedrückt, damit die Mark nicht zu sehr steigt. Es kann Wunder nehmen, daß eine zu weit gehende Besserung der Mark verhindert werden soll. Indes, wenn die Mark höher klettert, als nach Lage der Verhältnisse auf die Dauer möglich erscheint, so muß sie wieder stürzen, und solche Schwankungen sollen eben vermieden werden.

Die beiden schwierigen Fragen, die zur Durchführung eines Planes für die Befestigung des Markwertes zu beantworten sind, sind die folgenden: 1. In welcher Höhe soll die Mark befestigt werden? 2. Wie hoch muß der Währungshort sein? Den früheren Wert der Mark derart wiederherzustellen, daß eine Papiermark eine Goldmark wert würde, ist heute ausgeschlossen. Das würde eine vollkommene Umwälzung unserer Preise und Kreditverhältnisse bedeuten. Diese aber würde die Wirtschaft schwer gefährden und vor allem unsere gewerbliche und landwirtschaftliche Erzeugung auf das schlimmste hemmen. Denn die Preise, die die Unternehmer jeweils erzielten, würden nicht den Ankäufen oder sonstigen Kosten entsprechen, die sie vorher haben tätigen müssen. Gerade wie der Fall der Mark die Erzeugung bisher angeregt hat, würde ihr Steigen sie hindern. Um den früheren Wert der Mark wieder zu erreichen, würde ein langwieriges Verfahren der Geldsteife oder Deflation erforderlich sein, das wir, die wir auf eine Stärkung der Erzeugung angewiesen sind, nicht aushalten könnten. Übrigens würde auch der Staat seine größtenteils in Papiermark aufgenommenen Schulden, wenn sie auf den Wert der Goldmark gebracht würden, nicht annähernd tragen können.

Wir werden zufrieden sein müssen, einen Markwert festzulegen, der sich bei Stillstand der Notenpresse allmählich von selbst herausbilden wird. Welcher wird das sein? In den letzten Monaten, etwa seit Ende September 1922 ist nicht bloß der äußere Wert der Mark, wie er in den Devisenkursen zutage tritt, stark gefallen, sondern auch der innere Wert ist unter dem Einfluß der ungünstigen Devisenkurse stark gesunken. Das ging so plötzlich vor sich, daß die Vermehrung des Geldumlaufes nicht mitkommen konnte. Nehmen wir an, es seien zurzeit (Ende November 1922) 900 Milliarden Papiergeld einschließlich des Notgeldes vorhanden, so würde dies bei 6,4 Milliarden Geldumlauf 1913 eine Vermehrung auf das 140fache sein. Indes der innere Wert der Mark ist kaum noch ein Drittel so hoch, als der Geldvermehrung entspricht. Die Geldvermehrung wird sich also fortsetzen, wenn nicht etwa plötzlich ein Umschwung in der Börsenstimmung erfolgt, der sich auf bessere Aussichten in der Wiedergutmachungsfrage stützen könnte und den äußeren Wert der Mark so außerordentlich besserte, daß auch die Inlandspreise stark sänken. Aber das ist in diesem Maße durchaus unwahrscheinlich. Der zu erstrebende Kurs hat nicht nur auf den inneren Wert Rücksicht zu nehmen. Der innere Wert würde etwa nur als obere Grenze in Betracht kommen, über die die Mark nicht gehoben werden darf, um nicht die Beschwerden der Geldsteife hervorzurufen, die eine so geschädigte Wirtschaft wie die unsere nicht auf sich nehmen kann. Die Höchstgrenze wäre heute (Ende November) vielleicht schon bei etwa 1900 Mark für den Dollar zu finden.

Das Gutachten der ausländischen Sachverständigen (Brand, Cassel, Jenks und Keynes), welche von der deutschen Regierung Anfang November eingeladen waren, um die deutsche Finanzlage zu begutachten, hat unter der Voraussetzung eines Dollarkurses von 7000 Mark, wie wir ihn auch jetzt (Ende November) noch haben, eine Festlegung des Markwertes auf 3000 bis 3500 Mark für den Dollar empfohlen. Ein sehr ungünstiger Devisenkurs zeigt nämlich die Schwäche der Zahlungsbilanz an, und das Urteil über die Möglichkeit, die Zahlungsbilanz in Ordnung zu bringen, ist von großer Bedeutung. Die Zahlungsbilanz kann nämlich erst dann in Ordnung kommen, wenn die Wirtschaft gesund ist und Überschüsse abwirft. Dann lassen sich die Finanzen des Landes ins Gleichgewicht bringen, so daß die Geldblähe nicht zu wachsen braucht. Damit ist der innere Wert der Mark gesichert. Aber auch der äußere Wert kommt nicht in Gefahr, weil eine gesunde Wirtschaft genügend ausfuhrfähig ist. Um dieses zu erreichen, muß eben in erster Linie die deutsche Erzeugung gesteigert werden. Hierfür brauchen wir eine Umkehr in unserer Wirtschaftspolitik, die nicht von heute auf morgen durchzuführen ist. Deshalb wird sich der Devisenkurs nur mit Vorsicht und allmählich beeinflussen lassen. Der innere Wert und die Geldaufblähung aber werden noch eine Weile dem Devisenkurse nachlaufen.

Je größer der Währungshort ist, desto stärker darf eingegriffen werden, d. h. desto fester kann man die Devisenkurse in die Hand nehmen, ohne die Erschöpfung der Rücklage befürchten zu müssen. Würde die Reichsbank 500 Millionen Goldmark zur Verfügung stellen und eine gleiche Summe im Wege des Kredits aufgebracht werden, so wäre diese eine Milliarde zunächst nur ein recht mäßiger Stock für die Erreichung des Zweckes. Er wäre verloren, wenn keine kräftigere Hilfe gesichert wäre. Eine größere Anleihe würde folgen müssen. Die Währungsrücklage muß groß genug sein, um einige Jahre das herzugeben, was die Steuern für den Staatshaushalt nicht schaffen können und was derjenige Überschuß der Einfuhr über die Ausfuhr an Devisen kostet, der zur Vermeidung unerträglicher Teuerung und schwerer Lohnkämpfe erforderlich sein wird, bis die Erzeugung entsprechend gesteigert ist. Im Hintergrund jeder Markbefestigung aber steht die endgültige Regelung unserer Wiedergutmachungsleistungen in einer Deutschlands Zahlungsfähigkeit entsprechenden Höhe. Denn jede Markbefestigung kann durch übermäßige Wiedergutmachungsleistungen von neuem erschüttert werden. Schon eine entfernte derartige Möglichkeit aber schädigt die Kreditfähigkeit des Reiches und seiner Wirtschaftskreise. Selbst wenn wir eine für die Markbefestigung genügende Anleihe, auch ohne endgültige Regelung der Wiedergutmachungsleistungen etwa gegen Hingabe starker Sicherheiten erhielten, so würde vor allem der freie Kredit von Land zu Land um so mehr leiden, je stärker uns die gegebenen Sicherheiten belasten und die Unsicherheit der gesamten Wirtschaft für die Zukunft hervortritt. Von nicht geringer Bedeutung für Deutschlands wirtschaftliche Kräftigung und die Wiedergewinnung des Kredits würden auch bestimmte Zusicherungen in bezug auf seine politische Behandlung, namentlich die Erleichterung der Besatzung, die Freistellung von Sanktionen und die Gewährung der Meistbegünstigung in den Handelsbeziehungen, die es seinerseits gewähren muß, sein. Deutschland ist so sehr auf den Weltmarkt angewiesen, daß es ohne starke Betätigung auf ihm nicht gedeihen und zahlen kann. Das aber ist auch der Grund, weshalb bei Deutschlands Ausfall auf dem Weltmarkt dieser sich nicht zu kräftigen vermag.

Als Leiter der Neuordnung der Währung wird man sich einen Mann vostellen müssen, der ein festes Ziel, aber keinen starren Plan hat, sondern unter scharfer Beobachtung der Geld-, Finanz- und Wirtschaftsverhältnisse sowie der politischen Gesamtlage sich jeweils einzurichten vermag.

XV. Ausgleich von Vermögensverschiebungen. Sicherstellung einer Reichsanleihe.

Die deutsche Papiergeldwirtschaft der Gegenwart steht in ihrem Ausmaß einzig in der Geschichte da. Selbst die berüchtigten Assignaten und Mandaten der Französischen Revolution, die fast völliger Entwertung verfielen, reichen lange nicht an unsere Papiergeldflut heran. Aber das Wichtigste ist nicht die unmittelbare Schädigung der Besitzer der Papiergeldstücke. Das Deutsche Reich hat sich durch die Ausgabe von Papiergeld bis November 1922 für mehr als 25 Milliarden Goldmark verschafft. Der Verlust hieran gleicht diesem Betrage abzüglich dem Werte, den das Geld heute noch hat oder in Zukunft haben wird. Der heutige Wert kann vielleicht auf eine Milliarde Goldmark angenommen werden. Die 24 Goldmilliarden Verlust und darüber sind allmählich bald in dieser, bald in jener Hand des Inlandes oder Auslandes eingetreten.

Weit schlimmer sind die Vermögensverschiebungen zu beurteilen, die die Geldentwertung durch entsprechende Erleichterung aller Schuldverbindlichkeiten gebracht hat. Schuldverbindlichkeiten gehen im Geschäftsleben hin und her. Der Kaufmann kann im Laufe eines Jahres Umsätze im Betrage des Vielfachen seines Kapitals haben und das Vielfache an meist kurzfristigen Schuldverhältnissen eingehen. Hier gleichen sich Gewinne und Verluste größtenteils aus, wenn auch diejenigen gewonnen haben, die überwiegend Kredit nahmen. Der Gewinn hat sich auch zum größten Teil in den Preisen verflüchtigt. Es wäre unmöglich, alle einzelnen Schuldverhältnisse, die seit der Geldentwertung eingegangen sind, daraufhin nachzurechnen, in welchem Maße sie unverdiente Gewinne oder Verluste verursacht haben.

Anders dagegen liegt es bei den Vermögensverschiebungen, die durch die Entwertung langfristiger Kredite entstanden sind. Schätzungsweise ist etwa die Hälfte des deutschen Volksvermögens in Form langfristiger Leihkapitalien ausgegeben. Auf Hypotheken in den Händen des städtischen und ländlichen Grundbesitzes kommen davon etwa 70 Milliarden Goldmark. Ungefähr 30 Milliarden machten die Schulden des Reiches, der Länder und Gemeinden und sonstigen öffentlichen Körperschaften in der Vorkriegszeit aus. Die Schulden der Kriegszeit, die größtenteils in mehr oder weniger entwertetem Papier eingegangen sind, lassen sich in Goldmark schwer berechnen. Auf mehr als 50 Milliarden wird man alles übrige, darunter namentlich die Aktienkapitalien, die wirtschaftlich hierher gerechnet werden dürfen, schätzen dürfen. Der deutsche Kapitalismus ist demokratischer Kapitalismus. Die der gewerblichen und landwirtschaftlichen Gütererzeugung sowie dem Miethausbau gewidmeten Sachwerte sind rechtlich zwar Eigentum der Unternehmer, wirtschaftlich aber großenteils und im Miethausbesitz überwiegend zahlreichen kleinen und mittleren Kapitalbesitzern verpflichtet. Ein großartiges, auf sicherer Rechtsgrundlage, vor allem einem unübertroffenen Grundbuchwesen aufgebautes Kreditsystem hat unsere wirtschaftliche Entwicklung begünstigt und die Teilnahme breiterer Schichten des Volkes an dem Ertrage der Unternehmungen gefördert, als es bei anderen Völkern der Fall ist. Vor allem haben große Schichten des Mittelstandes, namentlich der geistigen Berufe, die Schichten, von denen die deutsche Kultur in erster Linie getragen wird, großen Anteil hieran.

Sollen diese Kapitalien ausgelöscht werden? Das wäre der Fall, wenn man ihnen nur denjenigen Wert gäbe, der sich bei der Befestigung der Mark für die Papiermark wird erreichen lassen. Frühere Zeiten geringerer Entwicklung des Kredits konnten so schlimme Geldentwertung leichter überwinden als wir, weil eben die ausgeliehenen Kapitalien wirtschaftlich von weit geringerer Bedeutung waren und die große Menge derjenigen fehlte, die ausschließlich oder fast ganz vom Zinsertrag lebten. Und doch zeigt die Wirtschaftsgeschichte Beispiele, daß man die willkürliche Herabsetzung der Schulden durch die Geldentwertung auch schon früher als Unrecht empfunden und ihr entgegenzuwirken versucht hat. Das bekannteste Beispiel ist das österreichische Devalvationsgesetz vom 20. Februar 1811, in welchem Umrechnung der Geldschulden mittels einer gesetzlichen Kurstabelle angeordnet wurde, die die Verminderung des Geldwertes seit der Entstehung der Geldverbindlichkeit zur Grundlage nahm. Soweit die Kapitalien auf Hypotheken gegeben sind, sind die Sachunterlagen, auf die ihre Sicherheit gegründet wurde, im wesentlichen noch unversehrt vorhanden. Aber auch die Vermögenswerte, auf die die Schuldverschreibungen gewerblicher Unternehmungen sich stützten, auch wenn sie nicht hypothekarisch eingetragen wurden, sind überwiegend noch da. Der Staat freilich und die Gemeinden sind in schlimmster Finanznot. Aber sollen dem Hausbesitz, der Landwirtschaft, den Aktienunternehmungen die Gewinne an ihren Dauerschulden ohne weiteres gelassen werden? Ist es nicht eine willkürliche Entscheidung und wäre es nicht eine Härte, diese Schulden, welche einst als Goldschulden abgeschlossen worden sind, dieses Charakters zu berauben, ohne daß wirtschaftliche Notwendigkeiten hierzu zwingen? Ein billiger Ausweg, der zugleich dem Staate zugute käme, scheint angemessen. Alle Hypotheken und hypothekarisch gesicherten Schuldverschreibungen wären etwa in Höhe von 30 v. H. ihres Goldwertes zugunsten der Gläubiger wieder herzustellen, zu 30 v. H. zu erlassen und zu 40 v. H. vom Staate einzuziehen. Soweit dadurch unbillige Härten entstehen, z. B. weil Liegenschaften und Unternehmungen unter der Kriegs- und Zwangswirtschaft ungewöhnlich gelitten haben, würde der Staat Nachlaß gewähren können. Ist eine Hypothek bereits zurückgezahlt, so schließt dies das Verfahren nicht aus, wenn auch der bereits in Papier zurückgezahlte Betrag dem Goldwerte nach anzuschlagen wäre. Hat Grundbesitz seinen Eigentümer gewechselt, so wird der letzte Eigentümer in der Regel allein zu belasten sein, es sei denn, daß der Vorbesitzer durch entsprechenden Verkaufserlös mehr als seinen Wertanteil am Hause in Gold herausbekommen hat. Bei nicht hypothekarisch gesicherten Schuldverschreibungen, bei sonstigem langfristigen Kredit und Geschäftsbeteiligungen wird ähnlich zu verfahren sein, doch wird der Anteil des Staates zugunsten des Schuldners stärkere Kürzungen erfahren dürfen. Der unter Goldwert erworbene Grundbesitz wird zugunsten des Veräußerers und des Staates auch, abgesehen von der Hypothekenregelung, in den Ausgleich einzubeziehen sein. Die nähere Regelung freilich wird dornenvoll sein, und es wird auch ohne einige Willkür nicht abgehen. Aber sie wird viel unverschuldetes Elend mildern, den Willen des Staates zur Gerechtigkeit erweisen und Versöhnung in manche Kreise tragen, die heute an seine soziale Gerechtigkeit nicht zu glauben vermögen.

Dem Reiche werden Mittel in Höhe von vielleicht 25 oder 30 Milliarden in Gold zufließen. Daraus werden alle diejenigen bis zur Höhe von 30 v. H. zu entschädigen sein, die als Gläubiger des Reiches, der Länder und Gemeinden und sonstigen öffentlichen Körperschaften Verluste erlitten und dadurch in bedürftige Lage gekommen sind. Ihre Schuldner sind zahlungsunfähig geworden, und sie haben deshalb auch keinen so unbedingten Anspruch auf Entschädigung wie diejenigen, welche zahlungsfähige Schuldner haben. Das Reich wird seinen Anteil an den Hypotheken zunächst stehen lassen müssen und wird die Zinsen nur nach Maßgabe der

Fortschritte einheben können, die die Steigerung der Mieten macht. Dem Hausbesitz und der Landwirtschaft werden unberechtigte Gewinne vorenthalten, Spekulanten des In- und Auslandes werden viel Beute wieder verlieren. Dem Reich verbleibt ein genügender Vermögensstock, der als Unterlage für eine Anleihe dienen kann.

XVI. Milderung des Kapitalschwundes und der Kreditnot.

Die Festlegung des Markwertes wird einen erheblichen Teil der Schäden, unter denen wir leiden, beseitigen, ohne daß es weiterer Maßnahmen bedarf. Ist die Mark wieder ein sicherer Wertmesser, so hört der durch die Geldentwertung ausgelöste Kapitalschwund von selbst auf; die hingegebenen Kredite entwerten sich nicht mehr, die Schuldner bereichern sich nicht weiter auf Kosten der Gläubiger. Auch die in den Unternehmungen angelegten eigenen Kapitalien geraten nicht mehr durch die Vermischung mit immer dünnerem Papiergeld in die Gefahr, sich in Scheingewinne aufzulösen. Damit wird zugleich der Wert der Unternehmungen wieder auf eine feste Unterlage gestellt. Sie werden wieder kreditfähiger als sie es heute sind. Kurzum, die eignen wie die fremden Kapitalien werden in jeder wirtschaftlichen Tätigkeit wieder erhöhte Sicherheit genießen, was auf Unternehmungsgeist und Kreditbereitschaft ungemein belebend wirken wird. Die in fremden Werten versteckten Kapitalien werden sich zum Teil wieder hervorwagen und die Kapitalbildung wird insbesondere durch die Spartätigkeit der Bevölkerung wieder einsetzen. Selbst fremdes Kapital wird sich einfinden, und dieses alles um so mehr, je mehr auch die Bestimmungen über den Geld- und Kapitalverkehr sowie die Steuergesetze die nötige Rücksicht nehmen. Indes, die Markbefestigung läßt vielleicht auf sich warten. Auch wird das verloren gegangene Vertrauen bei den Kapitalisten des Inlandes und des Auslandes sich nur allmählich wiedergewinnen lassen, zumal Deutschlands Lage ungewiß bleibt. Vorläufig wünscht Frankreich keine Kürzung seiner Entschädigungen anzunehmen, und noch immer droht es mit Gewaltmaßnahmen. Ein Rückschlag ist möglich. Damit fehlt die volle Sicherheit, und je weniger Sicherheit wir gewähren können, desto knapper wird das Kapital und desto höher werden die Zinsen bleiben, die wir zahlen müssen. Was können wir tun, um, noch ehe die Markbefestigung erreicht ist, die Schäden zu mildern und die Rückkehr von Vertrauen zu beschleunigen?

Von grundlegender Bedeutung ist, daß wir Goldmarkbilanzen einführen und die Aufstellung der Gewinn- und Verlustrechnungen in Goldmark erfolgt. Damit wird erreicht, daß die Unternehmungen ihr Geschäftskapital dem Sachwert oder Goldwert nach, nicht bloß dem Namen nach in Papiermark sich wahren und daß sie keine Scheingewinne mehr ausschütten. Schmalenbach hat in seiner höchst verdienstvollen Schrift „Goldmarkbilanz, Berlin 1922" einen entsprechenden Gesetzentwurf vorgelegt. Ein derartiges Gesetz kann garnicht schnell genug eingeführt werden, weil jeder Tag der Zögerung uns viele Millionen Goldmark am Unternehmungskapital kostet und das Gesetz ein guter Auftakt und eine Erleichterung für die kommende Befestigung der Mark sein würde; denn es brächte etwas, was die Neuordnung der Währung sowieso bringen muß. Der Stoß, den die Wirtschaft durch die Markbefestigung erleiden wird, indem sie den Kapitalschwund, d. h. den Überverbrauch auf Kosten des Volksvermögens hindert, wird damit vorbereitet und abgemildert. Die Goldmarkbilanzen und die entsprechenden Erfolgsrechnungen werden den Steuerbehörden gegenüber zu gelten haben, und Gewinne dürfen nur auf ihrer Grundlage verteilt werden. Das alles wird natürlich auch für die Aktiengesellschaften zu gelten haben. Damit sichern sich auch die Aktiengesellschaften ihr Stammkapital und die Aktien behalten ihren Goldwert, wenigstens so weit er noch da ist. Die bisherigen Verwässerungen durch Kapitalerhöhung zeigen an, in wie hohem Maße die ausgeschütteten Dividenden und Tantiemen ihrer Direktoren und Aufsichtsräte auf Scheingewinnen beruhten. Denn fast alle Kapitalerhöhungen der letzten Jahre erfolgten nicht zum Zweck der Beschaffung neuer Betriebsanlagen oder sonstiger Geschäftserweiterung, sondern um die ausgegangenen Betriebskapitalien zu ergänzen. Diese in Wahrheit unsolide Geschäftsführung ist nur darum zu entschuldigen, weil sie durch unsere Gesetzgebung, insbesondere durch die Steuergesetzgebung veranlaßt ist. Im ganzen haben die Aktiengesellschaften in den letzten Jahren der Volkswirtschaft weit mehr Kapital durch ihren Neubedarf entzogen, als sie Gewinne ausgeteilt haben, und zwar ohne daß ihre Sachwerte im ganzen gewachsen wären. Bei ihnen tritt der Kapitalschwund besonders kraß in die Augen. Indem sie auf Kosten des Volksvermögens wirtschafteten, waren sie in der Lage, die solider wirtschaftenden Unternehmungen leichter zu unterbieten, als es sonst möglich gewesen wäre. So weit Aktiengesellschaften ihr Kapital bereits verwässert haben, wird man ihnen erlauben müssen, ihr Stammkapital entsprechend niedriger in die Bilanz einzusetzen und den Nennwert ihrer Aktien in Goldmark kleiner zu wählen oder die Aktien zusammenzulegen, weil sie sonst Jahre lang gezwungen sein könnten, von einer Verteilung von Dividenden abzusehen.

Wenn durch Vorschriften im Sinne Schmalenbachs die Unternehmungskapitalien alsbald sichergestellt werden, was uns bitter notwendig ist, so wird andererseits schleunigst auch die Möglichkeit eröffnet werden müssen, in die Unternehmungen ungefährdet neue Kapitalien auf dem Wege des Kredits einzubringen. Es muß fortan erlaubt werden, wenigstens langfristige Kredite in Goldmark abzuschließen. Insbesondere wird auch die Ausgabe von Schuldverschreibungen der Unternehmungen, sobald die Bilanzen auf Goldmark gestellt sind, in Gold zu eröffnen sein. Ebenso werden Hypotheken in Goldmark möglich gemacht werden müssen, um den Bau neuer Miethäuser, für die Goldmieten erlaubt werden müssen, finanzieren zu können und um dem kleinen Sparer eine Sicherung seiner Ersparnisse zu gewähren. Um die Spartätigkeit anzuregen, wird man die Sparkassen zur Annahme von Goldmarkguthaben bei längerer Kündigungsfrist ermächtigen müssen. Auch Lebensversicherungen wird man in Gold erlauben müssen. Die Anlage der Gelder wird in Goldhypotheken, goldwerten Schuldverschreibungen und den Sparkassen unter entsprechender Gestaltung ihrer Verbindlichkeiten gegenüber den Einlegern auch in erstklassigen Aktien, zumal Vorzugsaktien zu gestatten sein. Es ist zuzugeben, daß die Geltung der Papiermark dadurch nicht gefördert wird und das zu einer Zeit, da wir ihren Wert festlegen wollen! Indes die Papiermark wird uns auch bei noch so reger Tätigkeit der Notenpresse nicht mehr lange über Wasser halten können, und mit einer genügenden Anleihe werden wir sie fest genug in die Hand bekommen.

XVII. Der Weg der Wiederherstellung.

Wir haben die Ursache unserer Not erkannt und die Mittel der Gesundung gefunden. Aber damit ist es allein noch nicht getan. Schwer ist die Aufgabe des Staatsmannes, die Mittel auch in richtiger Stärke und in richtigem Zeitmaße anzuwenden, um unserer erlahmenden Wirtschaft allmählich wieder neue Kräfte zuzuführen und dazu die willige Mitarbeit des Volkes auf steinigem Wege zu gewinnen. Machen wir uns in großen Zügen noch einmal klar, wie wir beinahe bis zum Zusammenbruch kamen. Der Krieg hatte uns eine an Hilfsmitteln geschwächte, in der Zwangswirtschaft erstarrte Wirtschaft hinterlassen. Dazu kamen die Friedensbedingungen, die uns großer heimischer Gebiete beraubten, uns unsere Kolonien, unser Auslandskapital und unsere auswärtigen Verbindungen sowie unsere Handelsflotte nahmen. Wir hatten alsbald große Sachlieferungen an Eisenbahnmaterial, an Maschinen, an Vieh, an Kohlen, Holz und Chemikalien zu leisten. Dazu setzten große Zahlungen ein. Aber wir fingen an, unsere Zwangswirtschaft abzubauen und unsere Kräfte zu regen. Ein gut Teil des Vertrauens des Auslandes war uns noch immer geblieben. Unsere Währung litt freilich stark. Die Geldentwertung hatte nach der Aufhebung der Blockade eine starke Tätigkeit der Industrie zur Folge, und die Arbeiterschaft sah bald bessere Tage als in den Ländern unserer Gegner und mancher Neutralen. Es entstand bei manchem die Meinung, daß die Eroberung der politischen Macht ihre Lage trotz des verlorenen Krieges heben werde. Die äußere Niederlage erschien durch den inneren Sieg über das Kapital wett gemacht. Gerade die Arbeiterschaft betonte gern und willig unsere Verpflichtung zur Leistung von Wiedergutmachungen, deren Abbürdung sie sich aus dem Kapital der Besitzenden dachte. Die Wiedergutmachung wurde zur sittlichen Pflicht erklärt und die deutsche Schuld am Kriege von manchen Wortführern der äußersten Linken lange Zeit verfochten. Indes die Gunst der Lage unserer Gewerbetätigkeit wurde überschätzt; überschätzt im Inlande, weil sie an dem bisherigen Tiefstand friedensmäßiger Arbeit gemessen wurde, überschätzt im Auslande infolge des Darniederliegens des Weltmarktes, auf dem die neu erscheinende deutsche Ware durch ihre verhältnismäßig erheblichen Mengen und ihre Billigkeit auffiel. In Wirklichkeit hat die deutsche Ausfuhr bis heute nur etwa ein Drittel des Friedenswertes erreicht. Zudem war die Belebung der gewerblichen Arbeit von schlimmem Kapitalschwund der Volkswirtschaft begleitet, der sie finanzierte. Wir wurden immer ärmer. Wurden diese Verhältnisse schon im Innern nicht richtig erkannt, so wurden sie vollends von unseren Gegnern falsch beurteilt. Es kam das Londoner Ultimatum mit seiner Festsetzung der Reparationsschuld auf nicht weniger als 138 Milliarden Goldmark einschließlich 6 Milliarden der belgischen Schuld und mit dem Bemühen, durch eine Auflage auf unsere

Ausfuhr unseren Wettbewerb auf dem Weltmarkte zu hemmen. Das Londoner Ultimatum vom Mai 1921 kam in einem Augenblick, wo wir gerade auf dem Wege der Gesundung unserer Währung einige Schritte vorwärts getan hatten. Schon die erste Goldmilliarde, die wir nunmehr zu zahlen hatten, warf die Mark wieder über den Haufen. Bereits Ende 1921 mußten wir um Zahlungsaufschub nachsuchen. Das ganze Jahr 1922 verging ohne eine entsprechende Regelung unserer Reparationslasten, während die Politik Poincarés fortdauernd Erschütterungen bei uns hervorrief.

Die Geldentwertung und die mit ihr immer weiter wachsende Teuerung hat es uns in den beiden letzten Jahren unmöglich gemacht, die Zwangswirtschaft so schnell abzubauen, wie es sonst hätte geschehen können. Wir hätten unsere Kräfte stärken können, hätten eine freie Landwirtschaft, leichtere Verhältnisse im Wohnungswesen und ein regeres gewerbliches Schaffen; wir würden heute wahrscheinlich annähernd reparationsfähig sein, so aber sind wir 1922 kaum noch zu größeren Zahlungen imstande gewesen, hätten richtiger Weise überhaupt keine mehr gefordert werden dürfen, weil der Schade den Vorteil längst weit überwog. Nicht das Maß unserer Zahlungen ist es, was uns seitdem in erster Linie drückt, sondern die mittelbaren Wirkungen der Gesamtentwicklung. Wir haben weiter am Kapitalschwund gelitten, haben Ware ins Ausland verschleudern müssen und vor allem im Innern die wirtschaftlichen Kräfte in Fesseln gehalten. Denn was war natürlicher, als daß die Massen gegenüber der emporschnellenden Teuerung von neuem nach Verbilligung verlangten? Alle Verbilligung aber drückt die Erzeugung. Die Mindererzeugung der Landwirtschaft ist für 1922 auf 3 bis 4 Goldmilliarden, die der Gewerbe auf 5 bis 7 Goldmilliarden anzusetzen. Nimmt man dazu noch 1 bis 1½ Milliarden Schleuderverluste ans Ausland, so sind es 9 bis 12½ Milliarden, d. h. ¼ bis ⅓ unseres regelrechten Volkseinkommens, die wir infolge des krankhaften Zustandes unseres Wirtschaftskörpers einbüßen. Von den Zahlungen, die wir immer noch geleistet haben, ist dabei ganz abgesehen. Dazu kamen die schweren Vermögensverschiebungen im Innern, die Bereicherung der einen auf Kosten der anderen und der Ausverkauf deutschen Grundbesitzes und deutscher Wertpapiere, die die Verarmung großer einst wohlhabender Schichten bedeuten. Kurzum, die Schäden der Reparationspolitik erscheinen riesenhaft gegenüber dem, was sie unseren Gegnern gebracht haben. Die Reparationspolitik hat uns krank gemacht, während wir bei etwas Schonung von selbst gesunden konnten, und die Welt ist erstaunt, wie wenig wir heute noch vermögen. Wir sind dem Zusammenbruch so nahe gerückt, daß unsere Kraft allein nicht mehr ausreicht, um uns aufrecht zu erhalten. Die Notenpresse hat dem Staate im Laufe des Jahres vielleicht noch 3 Milliarden Goldmark gebracht. Ihr Wirkungsgrad aber ist, wie die ungeheuren Mengen an Noten, die sie hinausschleudern mußte, anzeigen, nur noch äußerst gering. Die Notenpresse wird ab 1923 nicht mehr stark genug sein, um die nötigen Mittel zur Erhaltung des Staatsorganismus noch auf ein Jahr lang zu beschaffen. Wir werden 1923 Kredite haben oder zugrunde gehen.

Die Kurkosten, die wir als Vorschuß zu erbitten haben, werden nicht gering sein. Je rücksichtsvoller wir in Pflege genommen werden, desto schneller und desto vollständiger werden wir wieder zahlungsfähig sein. Eine Politik der Pfänder wird uns um so mehr zurückhalten, je einschneidender die Hemmungen sind, die sie unserer Wirtschaft bereitet. Das Wichtigste, was unser Staatsmann wird suchen müssen, wird ein großer Kredit und Zusicherung guter Behandlung für die Zukunft sein. Beides hängt eng miteinander zusammen. Denn wie sollten sich Geldgeber finden, wenn wir noch einmal einer ähnlichen Gewaltkur unterzogen werden könnten, wie wir sie haben durchmachen müssen! Die Geldgeber müssen gewiß sein, daß man uns, wenn wir gesund geworden sind, nicht von neuem würgt. Auch daß unser Handel Gleichberechtigung im Auslande erhält, die uns nach den Wilsonschen Punkten so wie so zugesprochen ist und die wir selbst bei uns einräumen müssen, wird dazu gehören. Je größer der Währungshort, den wir in die Hände bekommen, sein wird, desto sicherer wird die Markbefestigung in die Wege geleitet werden können. Die Festlegung der Mark kann zu ihrem Binnenwert, sie kann auch zu einem höheren oder niederen Werte erfolgen. Erfolgt die Befestigung zu dem Werte, den die Mark im Inlande hat, so braucht sich der Preisstand im ganzen nicht mehr zu ändern; es brauchen sich die Preise nur untereinander auszugleichen. Als Maßstab für den Binnenwert würde man hier die Teuerungsmeßziffern des Statistischen Reichsamtes, die wir für den kommenden Monat Dezember auf 700 schätzen wollen, zugrunde legen können, vor allem weil nach ihm die Löhne geregelt werden. Nehmen wir an, die Mark wäre hiernach zurzeit zu einem Kurs von $^1/_{700}$ ihres Wertes festzulegen; damit käme der Dollar auf etwa 2900. Auf diesen Kurs würde also die mit der Stabilisierung betraute Stelle hinsteuern, indem sie durch Verkauf und Ankauf von Dollar und anderen Valuten die Kurse dem erstrebten Kurse annäherte. Heute sind die Devisenkurse wesentlich höher. Die Preise zahlreicher Auslandswaren würden sich also stark senken, weil sie mit Hilfe der günstigen Devisenkurse billiger gekauft werden können. Manche inländische Waren, vor allem Lebensmittel, würden im Preise, so weit sie zurückgeblieben sind, nachrücken. Die Industrie erführe einen schlimmen Rückschlag, weil sie auf den Auslandmärkten nicht mehr so leicht wie bisher unter Ausnützung des niedrigen Standes der Mark billige Preise würde machen können. Sie müßte sich wieder auf eine andere Art des Wettbewerbes, vor allem auf gute Beschaffenheit, Anpassung an die Bedürfnisse der Käufer und zuverlässige Bedienung einstellen. Kredite freilich wie früher wird sie ihren Abnehmern aus Mangel an eigenem Kapital nicht mehr wie vor dem Kriege gewähren können. Auf dem Inlandsmarkte werden zahlreiche Auslandswaren ihr die Preise verderben. Wir werden eine Industriekrise und damit einen Lohndruck haben, und zwar zu einer Zeit, in der die Lebensmittel teurer werden. Dagegen wird die Industrie voraussichtlich bald ihrerseits Kredite, nämlich von den Rohstofflieferanten und den Kreditorganisationen des Auslandes bekommen. Das wird bald belebend wirken, aber im ganzen wird doch die Zeit kritisch werden, es werden starke Veränderungen im ganzen Getriebe der Industrie und des Wirtschaftslebens erfolgen. Der Stoß, den die Volkswirtschaft erleiden wird, wird milder ausfallen, wenn als Ziel der Befestigung der Mark ein Kurs gewählt wird, der unter dem derzeitigen Binnenwert der Mark liegt. Es bleibt dann zunächst noch eine kleine Ausfuhrprämie für die Industrie in dem Unterschied zwischen Binnen- und Außenwert der Mark übrig. Der Lohndruck wird geringer, und in manchen Gewerben werden die Löhne noch nachrücken können. Eine Befestigung über dem Binnenwert würde eine ganz scharfe Absatzstockung nach dem Auslande herbeiführen, bis die Löhne entsprechend gekürzt sind, was nicht ohne schweren Kampf abgehen würde. Solches Vorgehen würde uns die größten Schwierigkeiten bereiten. Je höher wir den Kurs der Mark wählen und je schneller wir auf die Befestigung lossteuern, desto größer müssen auch die Mittel sein, die uns zur Verfügung stehen. Denn die Aufrechterhaltung durch Setzung eines höheren Kurses der Mark wird bei starker Erleichterung der Einfuhr und Erschwerung der Ausfuhr und den sich entwickelnden Wirtschaftswirren ein starkes Eingreifen an den Börsen erfordern. Da nun die Wiederbelebung unseres Wirtschaftslebens Zeit erfordert, so werden wir uns auf ein längeres Verfahren, zumal eine längere Zeit der Stützung der Devisenkurse gefaßt machen müssen. Das ist bedauerlich, denn es wird die Zeit der Unsicherheit verlängern.

Uns will richtig erscheinen, mit der Einleitung der Markbefestigung die Zwangswirtschaft für die Landwirtschaft alsbald aufzuheben und nur noch die Ablieferung des Umlagegetreides zu verlangen. Leider kann sich die Landwirtschaft für die nächste Ernte nur noch zum geringen Teil einrichten, weil die Bestellung der Wintersaaten bereits hinter uns liegt. Die Vieh- und Milchwirtschaft dagegen kann durch Zukauf ausländischer Futtermittel etwas schneller gehoben werden. Freilich werden den meisten Landwirten vielfach die Mittel und auch die Entschlußfähigkeit fehlen, zumal der Bauer vorsichtig zu sein pflegt und erst die von der Zahlungsfähigkeit der Käufer mitabhängige Gestaltung der Preise wird abwarten wollen, ehe er sich auf etwas einläßt. Wir kommen nicht umhin, durch eine Zeit verhältnismäßig hoher Lebensmittelpreise hindurchzugehen. Die Aufwertung der Hypotheken darf namentlich zu Lasten der Landwirtschaft nicht zu sehr verzögert werden, um den Antrieb zu erhöhter Erzeugung zu verstärken. Die gesamte Preistreibereigesetzgebung wird ebensobald auf die Verfolgung wirklichen Wuchers zu beschränken sein. Im Wohnungswesen wird sich der Abbau der Mieten für gewerbliche Räume schnell vollziehen lassen; aber derjenige der Wohnungen wird längere Zeit in Anspruch nehmen, und das ist recht nachteilig, weil die Wohnungsgesetzgebung als der stärkste Hemmschuh für eine Neubelebung der gewerblichen Tätigkeit anzusehen ist. Auch die Steigerung der landwirtschaftlichen Erzeugung hängt nicht wenig hiervon ab. Es wird nötig sein, die Entschädigung der durch die Geldentwertung leistungsunfähig gewordenen Schichten schnellstens in die Wege zu leiten, um sie für die neuen Mieten tragfähig zu machen. Goldmarkbilanzen und Goldkredite werden unverzüglich zu ermöglichen sein. Für die neue Regelung der Arbeitszeit wird ein Reichsgesetz hauptsächlich die nötige Bewegungsfreiheit schaffen müssen. Die Arbeiterschaft wird infolge des Druckes, den die Umkehr in allen Verhältnissen auch auf sie ausüben wird, voraussichtlich von selbst die Hand bieten, ihre Arbeitsleistungen zu vermehren. Im öffentlichen Haushalt wird der Fortfall der Aufgaben des Staates und der Gemeinden auf dem Gebiet der Zwangswirtschaft Erleichterung schaffen. Je freier wir unsere Wirtschaft machen, desto schneller wird sie in die natürliche Ordnung der Dinge zurückkehren. Wir werden Teuerung haben. Wo der Staat sie mildern muß, tue er es aus eigenen Mitteln und mit Vorsicht! Teuerung im Wirtschaftskörper ist wie Fieber im Menschen. Fieber und Teuerung zeigen Krankheit an und bedeuten Heilung. Sie sind zu dämpfen, wenn sie den Organismus zu überwältigen drohen, aber dürfen nicht ganz unterdrückt werden. Hohe Preise beschränken den Verbrauch, begünstigen die Neubildung von Kapital und lenken Kapital und Arbeit dahin, wo sie am nötigsten sind.

Den Glauben aber sollten wir alle aufgeben, als ob wir durch staatlichen Zwang die wirtschaftlichen Verhältnisse von Grund auf ändern könnten. Unsere Wirtschaft bedarf der freien Entfaltung, und nur auf dem Boden einer gesunden Wirtschaft werden wir sozial sein können. Große Parteien sind bei uns gewöhnt, mehr als Forderer denn als Förderer unserer Wirtschaft aufzutreten. Erst fördern, dann fordern, muß heute Leitgedanke sein. Dreierlei hat sich infolge des ungünstigen Ausganges des Krieges grundlegend in der deutschen Wirtschaft geändert. Erstens ist unsere Ernährungsbasis durch Verlust großer agrarischer Gebiete kleiner geworden; wir werden die Landwirtschaft noch mehr als vor dem Kriege pflegen müssen. Wir könnten sie nur vernachlässigen, wie England vor dem Kriege getan hat, wenn wir sicher wären, durch Steigerung unserer Ausfuhr die nötigen Mittel für den Bezug großer Lebensmitteleinfuhren zu gewinnen, kurzum, wenn wir noch mehr Industriestaat mit starkem Wettbewerb auf dem Weltmarkte würden als bisher. Aber gerade das würde den Wünschen unserer Gegner am wenigsten entsprechen. Voraussichtlich werden wir — und das ist die zweite und bedeutungsvollste Veränderung in diesen Verhältnissen — in unserer Ausfuhr noch auf lange eingeengt bleiben, bis etwa eine andere Lage der Weltwirtschaft oder politische Wandlungen eine Besserung herbeiführen. Dadurch ist innerhalb unseres Landes die Lage zugunsten der Landwirtschaft, zu Lasten der Industrie verschoben. Schließlich hat unser Kapitalvorrat gewaltig eingebüßt, indem durch den Krieg, die Friedensbedingungen und die Wiedergutmachungslasten, andererseits aber auch durch den starken Kapitalschwund zur Zeit der Markentwertung viel Kapital verloren gegangen ist. Armut an Kapital aber bedeutet hohen Zins, Beengung der Unternehmertätigkeit und gedrückte Löhne. Die Entente wird es verstehen, unser Kapital knapp zu halten, und fremdes wird uns zu keinen besseren Bedingungen als einheimisches zur Verfügung stehen. Alle Macht der Gewerkschaften ist nicht in der Lage, solche Verhältnisse zu ändern, wie die Erfahrung erweist. Mögen für ausgewählte Berufe und Industrien noch gute Löhne gehalten werden können, im ganzen geht die Arbeiterschaft ebenso einer kümmerlichen Zeit entgegen wie das ganze Volk.

Das deutsche Volk ist eine Schicksalsgemeinschaft wie jedes Volk. Je stärker der Druck auf uns lastet, desto deutlicher wird das auch der letzte Mann im Volk empfinden. Erst deutsch, dann Weltbürger sein, wird sich in der Zeit der Not auch bei uns durchsetzen. Eine Hoffnung ist uns für die Zukunft geblieben. Will man große Reparationsleistungen von uns haben, so ist das schlechterdings nicht anders möglich, als indem man uns arbeiten läßt. Wir werden durch das uns aufgelegte Schicksal zur Bescheidenheit in der Lebenshaltung und zur Tüchtigkeit in der Arbeit genötigt werden. Völker, die solche Eigenschaften erwerben — und die Anlagen dazu sind bei uns vorhanden —, verlieren nicht an Lebenskraft. Die Entwicklung aber drängt zu einer Befriedung Europas und wird zu einer immer engeren wirtschaftlichen Verflechtung seiner Länder führen. Deutschland, das Land der Mitte, das Land der stärksten Industrie, wird dabei nicht umgangen werden können.

XVIII. Schluß.

Dem Zwecke dieser Schrift entsprechend haben wir so faßlich wie möglich geschrieben und nur soviel Theorie gegeben, als zum Verständnis unbedingt erforderlich schien. Wir haben den Leser wie durch einen Garten geführt und ihm bald dieses, bald jenes Blumenbeet oder, sagen wir auch, mancherlei Unkraut gezeigt. Wer uns unter die Lupe nimmt, wird trotzdem hoffentlich nicht verkennen, daß alle Einzelerscheinungen einer bestimmten Gesamtauffassung untergeordnet sind, in die sie hineingehören und von der aus sie Beurteilung erfahren. Indes, vielleicht ist es nützlich, zum Schluß die Theorie noch etwas zu unterstreichen. Einmal mag der Volkswirt dies brauchen, um zu unserer Darstellung und zu unseren

Vorschlägen leichter Stellung nehmen zu können, andererseits mag auch manchem Politiker eine gewisse Vertiefung des Verständnisses erwünscht sein. Wir sind der Ueberzeugung, daß allein wer die inneren Zusammenhänge unseres Wirtschaftsverfalls von Grund aus erfaßt, auch die richtige Wirtschafts- und Finanzpolitik finden kann, die uns einer besseren Zukunft entgegenführen mag. Dem Politiker gegenüber mag es erlaubt sein, auch einige politische Bemerkungen einzustreuen.

Deutschland leidet an einer Geldblähe, wie sie die Welt vor uns noch nicht gesehen hat. Die Theorie der Geldblähe oder Inflation aber ist bisher kümmerlich entwickelt. Die Folgen der Geldblähe werden mitunter als nicht ungünstig für eine Volkswirtschaft hingestellt. Man liest gewöhnlich, daß die Entwertung des Papiergeldes die Ausfuhr fördert. Denn die Inlandspreise steigen nicht so schnell wie das Geld sich entwertet. Wer ausführt, zahlt in immer schlechter werdender Währung und bekommt höher geschätztes Auslandsgeld dafür. Die Leidtragenden seien, abgesehen von den Rentenbeziehern, vor allem die Arbeiter, deren Löhne zurückbleiben, die aber infolge der regeren Erzeugung für die Ausfuhr dafür wenigstens leicht Beschäftigung finden und das schlimmere Los der Arbeitslosigkeit vermeiden. So ist wenigstens im Anfang auch bei uns nicht selten geurteilt worden und noch mehr im Ausland, wo man auf unsere rauchenden Fabrikschornsteine und unsere geringe Arbeitslosigkeit hinwies.

Schon Adolph Wagner hat indes darauf aufmerksam gemacht, daß die Vorteile nur scheinbar sind. Die Ausfuhr werde dem Ausland teilweise geschenkt und die Einfuhr werde überzahlt; dadurch drohe die Volkswirtschaft des Papiergeldlandes sich zu verbluten (Sozialökonomische Theorie des Geldwesens 1909. S. 708 ff.). Zur Erläuterung dieser Darlegung Wagners sei darauf aufmerksam gemacht, daß es auf dasselbe hinauskommt, wenn man sagt, die Ausfuhr werde teilweise geschenkt oder die Einfuhr werde überzahlt. Denn die Einfuhr wird letzten Endes mit Ausfuhr bezahlt und es ist gleich, ob wir für die Einfuhr zuviel Ausfuhr oder für die Ausfuhr zu wenig Einfuhr tauschen. In unserer Darstellung haben wir deshalb dies alles unter dem Stichwort „Verschleuderung ans Ausland“ zusammengefaßt. Wir wissen aus den Schätzungen, die wir vorgenommen haben, daß die Verschleuderung an das Ausland zwar einen erheblichen Posten von 1—1½ Milliarden Goldmark in unserer Verlustrechnung ausmacht, daß aber die Mindererzeugung von 8—11

Milliarden in Gewerbe und Landwirtschaft erheblich stärker in die Wagschale fällt. Wie erklärt es sich nun, daß wir trotz der angeblich anregenden Wirkung der Geldblähe, die die Theorie gemeinhin behauptet, zur Mindererzeugung gekommen sind? Daß unsere Wirtschaft nach dem Kriege zerrüttet und von Hilfsmitteln entblößt war, daß der Friede uns bedeutende Gebiete nahm, uns Sach- und Barleistungen über unsere Kräfte aufzwang und daß unser Auslandsverkehr unter der Verkümmerung der Weltwirtschaft und der Auflösung unserer Handelsbeziehungen schwer litt, mußte allein schon aller Erzeugung hinderlich sein. War, um diese Hemmungen zu überwinden, nicht doch vielleicht die Geldblähe, in der wir nach dem Umsturz starke Fortschritte machten, ein geeignetes Mittel? Nein, die Beschleunigung des Ganges der Notenpresse war kein Verdienst! Es mag sein, daß unter Umständen eine mäßige Geldblähe wohltätige Folgen haben kann. Mehr politisch als volkswirtschaftlich! Wirtschaftlich geht die Anregung der Erzeugung zu Lasten der Gesamtwirtschaft. Politisch kann das weniger wichtig erscheinen, wenn es gilt, Massen von Arbeitslosen unterzubringen, wie es unsere Aufgabe nach dem Kriege war. Indes wie wir heute rückwärts schauend beurteilen können, war eine Anregung der Nachfrage durch billige Preise gegenüber dem Ausland nach Kriegsende garnicht nötig. Einmal war unsere Währung bereits unterwertig, und sodann entstand auch unabhängig hiervon im Ausland und Inland ein wahrer Warenhunger. Worauf es vielmehr ankam, war im Gegenteil, unsere Währung hoch zu halten, uns zum Bezug von Rohstoffen fähig und kreditwürdig zu erweisen. In der Vorstellung der bisherigen Theorie pflegen hauptsächlich die Gehalts- und Lohnempfänger diejenigen zu sein, die außer den Rentenbeziehern durch Minderung ihrer Einkommen unter der Geldblähe den Aufschwung der Industrien und Gewerbe fördern, indem die Industrie infolgedessen mit niederen Unkosten rechnen kann. Unter dem Einfluß der Veränderung der Machtverteilung im Staate, ferner infolge der Stärke der Arbeiterorganisationen und unter dem Druck immerwährender Lohnkämpfe, erwies sich die bisherige Annahme als unrichtig, daß die Folgen der Geldblähe hauptsächlich von den Arbeitern und Angestellten getragen werden. Im Gegenteil wußte ein Teil der Arbeiterschaft bald nach dem Umsturz glänzende Löhne durchzusetzen, wie sie unsere kranke Wirtschaft regelrecht nicht hätte tragen können. Durch die Verbilligungspolitik wurden die Lasten ganz überwiegend auf den Besitz überwälzt.

Man kann annehmen, daß die Besitzer von Hypotheken, Schuldverschreibungen und sonstigem Leihkapital im Jahre 1922 einen Ausfall von 5 Milliarden Goldmark an ihren Jahreseinkünften haben und daß hierzu vielleicht noch annähernd 1—1½ Milliarden kommen, die der Hausbesitz auf seinen Wertanteil am Hause einbüßt oder zugibt. Leihkapitalisten und Hausbesitzer, lediglich ein Teil des Volkes trägt allein mehr an Lasten, als die Erfüllung des Londoner Ultimatums für das Jahr dem ganzen Volke gekostet haben würde. Den Vorteil aus diesen Verlusten ziehen zum Teil die Unternehmer als Kreditgenießer, denen aber zahlreiche Spekulanten und schließlich auch viele Arbeiter und nicht wenige Verkehrsbeamte, soweit sie bei stark vermehrter Anzahl, aber verringerter Arbeitszeit und Arbeitsleistung verhältnismäßig höhere Löhne und Gehälter beziehen, als es nach dem Stande der Produktivität der Arbeit ohne jene Einbußen möglich wäre. Indem nun das Kapital sich verringert hat, die Arbeitsleistungen noch zurückstehen und die Hemmungen der Wirtschaft, wie wir sie verschiedentlich, besonders aber in den Abschnitten über die Mindererzeugung in Industrie und Gewerbe und in der Landwirtschaft dargetan haben, fortbestehen, ist schließlich der Erfolg eine Minderung der Erzeugung, die durch die Geldblähe zwar nicht ausschließlich, aber doch zum guten Teil mitverursacht ist, namentlich wenn man berücksichtigt, daß unsere die Erzeugung hemmende Verbilligungspolitik einschließlich der Mietenregelung gleichfalls auf die Geldentwertung und Geldblähe zurückgeht und daß ihre Wirkungen demnach als mittelbare Folgen der Geldblähe angesehen werden dürfen.

Die Mindererzeugung in Gewerbe und Landwirtschaft ist etwa doppelt so hoch wie die Verluste der Leihkapitalisten und Hausbesitzer zu bewerten. Die eine Hälfte der Mindererzeugung entgeht dem Verbrauch der Leihkapitalisten und Hausbesitzer infolge der Vernichtung ihrer Einkommensbezüge, die andere Hälfte des Ausfalls trägt das ganze Volk, wenn auch sehr ungleich. Die Überlastung des Besitzes und die Hemmung der Erzeugung hierdurch und durch die Verbilligungspolitik sowie alle anderen Umstände sind also nicht nur zum Schaden der Entrechteten, sondern auch des ganzen Volkes ausgeschlagen. Auch die dem privaten Kapitalismus feindliche Arbeiterschaft wird es einsehen müssen: Ohne Aufrichtung des Kapitalismus, dem heute der Boden unter den Füßen fortgezogen ist, vermag die deutsche Wirtschaft nicht wieder leistungsfähig zu werden. Der Sozialismus hat sich vergeblich bemüht, etwas anderes an seine Stelle zu setzen. Von der Sozialisierung ist er im wesentlichen selbst abgekommen und die Wirtschaftspolitik, die unter seiner Vorherrschaft nach dem Kriege eingeschlagen wurde, hat sich als verderblich herausgestellt. Wir leiden unter einem Wirtschaftssystem, das mindestens ein Sechstel des Volkseinkommens dem Besitz entzogen hat, und im Zusammenhang damit ist die deutsche Erzeugung um annähernd ein Drittel geschmälert. Der Schaden ist größer als der Gewinn. Eine Geldblähe von ungekanntem Ausmaß, die uns die Wiedergutmachungspolitik aufgezwungen hat, hat sich entgegen früherer günstigerer Beurteilung in deutschen Verhältnissen als derart wirtschaftszerrüttend erwiesen, daß die Erzeugung schlimm zurückgegangen ist und unter den verschärfenden Folgen der Mißachtung der Kapitalsbelange weiter zu erliegen droht. Die Theorie steht vor ganz neuen Verhältnissen. Die Lehre von der Geldblähe wird unter den Erfahrungen der Nachkriegszeit in zahlreichen Ländern erst noch der neuzeitlichen Gestaltung entgegengehen müssen. Und ebenso wird als Gegenstück hierzu die Geldsteife zu untersuchen sein. Von wie großem Wert wäre es gewesen, wenn wir und unsere Gegner ein besseres Urteil über die Entstehung und Auswirkung dieser Zustände und den Einfluß der Wirtschaftspolitik auf sie gehabt hätten oder wenigstens uns heute verschaffen könnten! Das Studienfeld liegt vor uns, um uns in Europa und allenthalben in der Welt. Es ist uns unbekannt, daß irgendwo die Wirkungen der Geldblähe und der im Zusammenhang mit ihr stehenden Wirtschaftspolitik bei uns in Deutschland im Gesamtumfang des Wirtschaftslebens zu erfassen und zu beurteilen auch nur versucht worden wäre, so wie es diese kleine Schrift unternimmt.

Der Sinn hierfür ist uns durch mehrmonatigen Aufenthalt in Deutsch-Österreich geschärft worden. Die österreichischen Verhältnisse gingen in der Tat den reichsdeutschen immer um etwa Jahreslänge oder noch weiter voran. Dort ist die Wirtschaft nicht unter Wiedergutmachungsleistungen, sondern fast allein unter den Folgen der Geldblähe und einer noch schärferen Verbilligungspolitik zusammengebrochen als bei uns. In Österreich haben wir es zuerst kennen gelernt, wie schlimm staatliche Verbilligung verteuert. Auch wir genossen bei unserem wiederholten Aufenthalt, ohne den diese Schrift nicht entstanden wäre, die Gunst der Verbilligung, bis etwa seit Frühjahr 1922 der Aufenthalt für den Reichsdeutschen übermäßig teuer wurde. Denn Österreich schritt von da ab durch Teuerung zur Verbilligung, während Deutschland durch Verbilligung noch immer weiter in die Teuerung hineingeriet. Von da ab waren für einen reichsdeutschen Professor nur noch kurze Besuche ausführbar. So war es uns leider nicht mehr möglich, näher zu verfolgen, wie der Übergang zur Geldsteife und zur Festlegung der Krone auf die Wirtschaft wirkt. Und doch hätten wir zumal bei den wirtschaftspolitisch durchaus ähnlich liegenden Verhältnissen Deutsch-Österreichs einen starken Belang daran, aus den Erfahrungen unseres Brudervolkes Nutzen zu ziehen. Gerade der Vergleich der beiden Länder ist so ungemein lehrreich, wobei Reichsdeutschland, weil es im Unglück hinterherhinkt, den größeren Vorteil hat.

FSC
www.fsc.org
MIX
Papier | Fördert
gute Waldnutzung
FSC® C083411

Kolibri 360 GmbH
Ferdinand-Jühlke-Straße 7
99095 Erfurt, Deutschland
produktsicherheit@kolibri360.de